LE BRÉSIL.

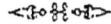

PARIS. — TYPOGRAPHIE DE HENRI PLON,
IMPRIMEUR DE L'EMPEREUR,
8, rue Garancière.

LE
BRÉSIL

PAR

M. CHARLES REYBAUD.

PARIS
GUILLAUMIN ET CIE, ÉDITEURS,
RUE RICHELIEU, 14.

1856

On parle assez volontiers du Brésil en France, et on en parle en bons termes. La beauté de son climat, la richesse de ses produits, les mystères grandioses de ses forêts vierges, agissent sur les imaginations, qui, émerveillées encore par l'éclat d'une récente exhibition (l'*Étoile du Sud*), se complaisent dans le mirage de sa région *diamantine ;* puis, entre tous les États indépendants de l'Amérique, c'est le seul qui ait eu le bon sens de garder la monarchie, et on sait, ne fût-ce que par les relations considérables que notre commerce s'y est créées, que l'arbre a porté ses fruits, c'est-à-dire que le Brésil est calme et prospère ; qu'à l'ombre des institutions monarchiques l'instinct mercantile de ses habitants donne aux transactions une activité de jour en jour plus développée ; que sa population s'accroît en même temps que sa richesse ; enfin qu'il a le présent assuré et la foi dans l'avenir, qui est la sécurité du lendemain.

Ces notions vraies, mais vagues dans leur généralité, ne suffisent pas, à mon sens, et j'ai pensé que ce serait une œuvre utile d'asseoir la bonne opinion du public français sur des faits précis et des renseignements positifs, de manière à substituer à des impressions superficielles une conviction raisonnée.

Un ouvrage récemment publié en Belgique m'a confirmé dans cette pensée, qu'il importait de faire mieux connaître l'empire sud-américain. Cet ouvrage a pour titre le *Budget du Brésil* et pour auteur M. le comte Auguste van der Stratten-Ponthoz, qui a occupé, il y a dix années, le poste de chargé d'affaires du gouvernement belge à Rio-Janeiro.

Le livre de M. de Ponthoz est relativement exact, en ce sens qu'il retrace fidèlement la situation du Brésil à l'époque où l'écrivain a recueilli les documents qu'il met en œuvre. A un point de vue absolu, le livre est faux, car le Brésil d'aujourd'hui n'est plus le Brésil de 1845. Tout passe et se transforme vite dans ces contrées de l'Amérique que la suppression du monopole colonial a appelées à une vie nouvelle, pourvu qu'elles jouissent de la paix intérieure, et le Brésil, qui, abrité par sa monarchie, n'a subi dans ces derniers temps aucun trouble sérieux, a singulièrement marché depuis dix ans.

D'un autre côté, M. de Ponthoz a des opinions très-arrêtées sur certaines conditions de l'établissement monarchique : il a, par exemple, d'irrévocables partis pris contre la décentralisation et en faveur de l'impôt foncier. Je tiens pour erronés les systèmes qu'il préconise ; je suis convaincu que, sans la décentralisation, qui donne une vie propre à ses provinces en toute matière administrative, l'Empire du Brésil ne saurait prospérer ni peut-être subsister ; je suis également convaincu que l'impôt sur la terre, qui est souvent une nécessité financière, n'est jamais une nécessité politique, et qu'il serait tout au moins improductif et fatal, quant à présent, dans un pays qui n'a que fort peu de terres en valeur relativement à son étendue, et qui appelle à grands cris la colonisation.

Les griefs que j'énonce n'accusent pas les intentions de l'écrivain, qui sont, je le reconnais, pleines de bienveillance pour le Brésil; mais si les chiffres de M. de Ponthoz sont surannés, si les voies d'avenir qu'il indique ne sont pas celles où le Brésil pourra grandir et prospérer, il est bon de rectifier ses chiffres en les rajeunissant, et de montrer que l'esprit de système dont s'inspirent ses conseils lui a fait faire fausse route.

C'est dans ce double but que j'ai écrit; mais je n'ai pas entrepris la tâche ingrate de réfuter point par point les trois gros volumes de M. de Ponthoz, où il y a d'ailleurs beaucoup à approuver et à louer. J'ai pensé que je devais choisir moi-même mon terrain et aller au plus court, dans un temps surtout où les esprits sont si fort occupés ailleurs, et qu'un simple et fidèle exposé de l'état présent du Brésil, de son histoire contemporaine, de sa situation financière, des actes de son administration et de sa politique, enfin de son travail de colonisation, suffirait, tout en donnant au public les notions exactes qui lui manquent, à répondre aux chiffres et aux théories de l'honorable écrivain belge.

Je n'ai pas eu la prétention de faire un livre qui dure : je dis ce qui est, j'essaye de faire entrevoir ce qui sera; mais étroitement limitée dans le cercle des faits et des prévisions de l'époque où elle est écrite, mon œuvre ne saurait avoir qu'une valeur actuelle, et le livre même de M. de Ponthoz m'aurait appris au besoin qu'on ne peut guère en faire d'autres quand il s'agit du Brésil. Avec le rapide développement que prend l'Empire, ce qui est aujourd'hui sera modifié demain, et certainement, dans moins de dix ans, mon livre sera à refaire, car les faits et les chiffres qu'il donne seront tout aussi surannés alors que le sont en ce moment les faits et les chiffres recueillis en 1845 par M. de Ponthoz. Il n'y a qu'une chose qui ne change pas au Brésil, c'est l'ardeur du gouvernement impérial à créer ce qui manque et à améliorer ce qui est.

Plus habitué à la forme résumée du journal qu'aux développements du livre, j'ai élagué de mon travail, autant que possible, les colonnes de chiffres et les tableaux statistiques dont se grossissent volontiers les ouvrages analogues, n'empruntant aux nombreux documents qui sont sous ma main que le strict nécessaire. Tout cet étalage scientifique, peu attrayant pour le public, n'a de prix qu'aux yeux des hommes qui ont fait des choses dont on parle une étude spéciale, et ce groupe de savants ne s'est pas constitué encore pour les choses du Brésil. Je ne suis moi-même qu'un écolier en ces matières, et c'est à cet humble titre que je m'attache à présenter, sous la forme la plus claire, les notions élémentaires que j'ai laborieusement recueillies.

Mieux eût valu sans doute qu'un écrivain brésilien eût rempli ma tâche : j'en connais qui s'en seraient merveilleusement acquittés, et je regrette qu'ils ne m'aient pas devancé. Parler d'un pays qu'on n'a pas visité, se transporter, par un effort de l'esprit, dans un milieu qui n'est pas le nôtre, discuter les choses quand on n'a pas vu se mouvoir les hommes, c'est s'exposer à bien des méprises, à bien des erreurs ; c'est se condamner à rétrécir son cercle et à se priver de l'élément qui agit le plus sur le public, qui avive le plus les œuvres littéraires. Je me suis résigné à ma situation sur ce dernier point, et quant aux erreurs possibles, je m'en suis garé de mon mieux en puisant mes renseignements aux sources les plus sûres, et en consultant avec un soin minutieux soit les documents officiels, soit les hommes les plus compétents. Grâce à ce contrôle attentif, j'ai l'espoir que les lecteurs mêmes du Brésil trouveront dans mon livre des lacunes sans doute, mais peu d'erreurs matérielles.

Le seul mérite de ce livre aux yeux de mes lecteurs d'outre-mer, c'est sa parfaite impartialité. Sur ce point, je tiens à leur suffrage, et je me crois en droit d'y compter. Le Brésil a eu ses luttes de l'Indépendance, ses agitations, ses troubles, ses révoltes d'une régence de dix années ; il a eu, il a encore ses partis, très-violents dans le passé, aujourd'hui très-calmes, très-constitutionnels, mais non effacés, car sous le régime parlementaire, où le pouvoir est le prix de la victoire, les partis se transforment mais ne disparaissent pas. J'ai pris mon point de vue entre ces partis, reconnaissant que leurs efforts divers ou contraires avaient également concouru à asseoir sur d'inébranlables bases et à développer les institutions monarchiques. Par un sentiment de réserve que doit s'imposer celui qui parle d'un pays qui n'est pas le sien, je me suis abstenu d'apprécier, et j'ai à peine nommé les hommes éminents qui ont figuré en première ligne dans les conseils de l'Empereur et dans le Parlement. Je n'ai jugé que les morts, pour lesquels l'histoire a déjà commencé, sans donner prise, par des éloges intempestifs, à aucune controverse sur les vivants. Quant aux opinions que j'ai émises sur les choses passées ou présentes de l'Empire, je ne me suis inspiré que de mes propres sentiments, c'est-à-dire de mon affection pour le Brésil, et du peu d'expérience que m'a donnée une longue étude des choses politiques de l'Europe.

Mais quelles que soient mes sympathies pour les progrès merveilleux qui s'accomplissent dans ce jeune Empire, et les précieuses amitiés qui sont venues me trouver de si loin, ce n'est pas pour le Brésil que j'ai écrit, c'est pour la France. Si je n'étais profondément convaincu que la France a beaucoup à gagner à mieux connaître le Brésil; que le connaissant mieux elle suivra plus résolûment encore la voie où elle est entrée, et qu'elle aura sa part et sa grande part dans les bénéfices que l'avenir promet à l'Empire sud-américain, je n'aurais pas eu la pensée de publier ce livre.

La France, jusqu'à ces dernières années, avait semblé prendre à tâche d'annuler les avantages maritimes et commerciaux qu'elle tient de sa situation. A la suite des longues guerres de la révolution, sa puissance coloniale était fort déchue, et il dépendait d'elle de s'approprier en grande partie le commerce d'échange avec les États de l'Amérique du Sud qui s'étaient affranchis du joug de leurs métropoles. Quand on a à offrir un marché de 30 à 36 millions de consommateurs centralisés, on est en droit assurément d'obtenir des débouchés d'une valeur équivalente à celle des objets qu'on consomme, car c'est un axiome incontestable que cette devise des économistes : « Les produits s'échangent contre des produits. »

Cette politique naturelle de la France n'a été suivie ni par le gouvernement de la Restauration ni par le gouvernement qui lui a succédé. Ce n'est pas ici le lieu de dire les causes de cette déviation, et quelle pression subissaient les deux gouvernements. Mais que ce fût ou non une nécessité de la situation, leur législation douanière s'inquiéta de tout en France, sauf de la seule chose qui aurait dû la préoccuper, à savoir l'intérêt du consommateur, c'est-à-dire des masses. Pour favoriser nos colonies, que la liberté eût fait s'ingénier et vivre, et qui ont misérablement végété, elle frappa de droits à peu près prohibitifs toutes les denrées intertropicales de provenance étrangère. Puis la betterave apparut, et sans qu'on tînt compte de la différence des époques, cette trouvaille de l'Empire, excellent corrélatif du blocus continental, fut élevée dans la serre chaude de la protection à l'état d'industrie nationale menaçante pour nos colonies, et frappant plus que jamais d'interdit les produits similaires du Brésil et de Cuba. La culture de la betterave, comme devant fournir la matière première à la fabrication du sucre, a eu pour la France le triple résultat que voici : elle nous a fait payer le sucre plus cher qu'en aucun autre pays du monde ; elle a doublé et triplé le prix des terres propres à cette culture ; elle a contribué dans une certaine mesure au renchérissement des céréales par le changement des cultures qui s'est opéré dans nos riches départements du nord. Il n'y a pas à coup sûr un de ces résultats qui ait profité à la généralité des citoyens, et il est permis de regretter qu'on n'ait pas eu en France le ferme bon sens des Anglais, qui n'ont pas voulu quitter la proie pour l'ombre et sacrifier les intérêts de leur marine, de leur commerce, de leur industrie, de la masse de leurs consommateurs, à la fantaisie de se donner les apparences d'une richesse territoriale factice.

Peut-être l'industrie sucrière a-t-elle pris aujourd'hui trop de racines en France pour qu'il nous soit possible de revenir sur nos pas ; mais le sucre est le seul de nos produits tropicaux qui se soit artificiellement acclimaté parmi nous; l'intérêt métropolitain n'était après tout engagé que sur cette question, et le café, par exemple, qu'on n'entendait pas apparemment sacrifier au culte subalterne de la chicorée, eût fourni encore un excellent objet d'échange pour nos produits manufacturés et agricoles, si l'intérêt exceptionnel de nos colonies n'eût aussi sur ce point dominé nos tarifs. Or nos colonies produisent des cafés excellents, mais qui sont loin de suffire à notre consommation intérieure. Pour protéger ces cafés, que leur qualité supérieure protégerait bien toute seule, on a frappé de droits différentiels excessifs les cafés provenant de l'étranger, qui n'arrivaient plus sur notre marché que comme appoint. Il est résulté de cet état de choses que la consommation n'a pas pris les développements que devait lui donner le goût naturel du peuple pour une boisson salubre, agréable, fortifiante, et que l'usage de cette boisson alimentaire n'a encore, en raison de son prix, pénétré qu'incomplétement dans les masses. Avec des droits minimes qui feraient seulement la part du fisc et supprimeraient la part de la protection, il y aurait à la fois profit pour le trésor, profit pour le consommateur et profit pour notre industrie, notre agriculture et notre marine, qui fourniraient et transporteraient les produits nationaux à échanger contre les cafés du Brésil, accaparés en ce moment par les États-Unis, qui les admettent en franchise de droits.

Il est reconnu par tout le monde que les tendances du gouvernement actuel s'attachent à rectifier ce qu'il y avait d'étroit et d'illibéral en matière de douanes dans les allures des gouvernements qui l'ont précédé. Depuis 1851, on n'a touché aux tarifs que pour les dégrever, et on y a touché souvent. Les économistes ardents trouvent que la besogne est menée trop discrètement, les partisans de la protection trouvent qu'on frappe trop fort; mais de ces griefs contradictoires il résulte que le gouvernement a clairement marqué son but, et qu'il est résolu, tout en ménageant soigneusement la transition pour les intérêts engagés, et tout en sauvegardant les droits du fisc, à faire entrer peu à peu la France dans la voie de la liberté des échanges. Personne ne doute, pas même les intéressés, que les pas qu'il fait chaque jour dans cette voie ne soient définitifs, et que les lacunes qui le séparent de son but ne soient, en temps et lieu, comblées.

L'heure est donc bonne pour mieux faire connaître à la France ce grand Empire du Brésil, qui produit en abondance tous les objets de consommation qu'elle demande aux chaudes latitudes, et qui seul, entre toutes les contrées de la même zone, lui offre en échange un marché de huit millions de consommateurs. Déjà même, sous une législation encore restrictive, nos relations avec le Brésil, bien qu'elles aient ressenti le contre-coup de la guerre d'Orient, prennent chaque jour plus d'extension et d'activité. Le tableau général de nos exportations et importations place le Brésil au *neuvième rang* parmi les États qui consomment les produits français, et le chiffre des objets que nous lui fournissons s'élève à *soixante-quinze millions et demi* par an. Il est vrai que le Brésil nous prend beaucoup plus que nous ne lui prenons par le fait de nos tarifs et au grand détriment du consommateur français. L'Empire sud-américain n'est que le *quatorzième* (commerce général) et le *dix-septième* (commerce spécial) des pays importateurs en France, et le chiffre des denrées qu'il nous fournit ne dépasse guère quarante-cinq millions. Cette inégalité dans les échanges prouve l'irrésistible puissance d'attraction qu'exercent surtout les œuvres de l'industrie parisienne sur un pays pourvu de grands centres de population, comme Rio-Janeiro, Bahia, Pernambuco, où les merveilles de l'art et du goût français trouvent des appréciateurs intelligents et des consommateurs quand même.

L'accroissement de nos rapports avec l'Empire sud-américain profite singulièrement à notre navigation marchande, qui a le monopole à peu près exclusif des transports entre les deux pays, comme le prouve le *Tableau général du commerce* en 1854. Sur 121 navires entrés dans les ports de France venant du Brésil, 95 appartenaient à la marine française; sur 103 navires sortis de nos ports en destination pour le Brésil, 87 portaient également le pavillon français.

Le Havre, ce port de mer de Paris, a établi avec la capitale du Brésil un service commercial régulier qui expédie tous les vingt jours un navire d'un fort tonnage, en attendant l'heure où, les nécessités de la guerre prenant fin, il sera permis à nos armateurs d'organiser, avec l'aide du gouvernement, un service postal de paquebots à vapeur entre les deux pays. Nos autres ports de mer rivalisent avec le Havre : Bordeaux, Nantes, Marseille multiplient leurs rapports et leurs échanges avec le Brésil, et cette dernière et puissante cité aurait déjà, depuis plusieurs années, une ligne de bateaux à vapeur sur le Brésil, si la guerre, en mettant la main sur le grand matériel naval de notre commerce, n'avait interrompu une entreprise qui s'était organisée par le seul effort d'une maison intelligente et hardie, et sans aucune subvention du trésor.

Pour le Brésil aussi l'heure est bonne, car il est en voie de reviser et d'abaisser ses tarifs, que des exigences fiscales, en quelques points mal entendues, ont tenus jusqu'ici assez élevés. Cette réforme, qui ne saurait tarder à s'accomplir, portera ses fruits naturels en accroissant notablement la consommation, et nos débouchés devront s'en agrandir.

Les rapports entre les deux gouvernements sont excellents, et c'est là un fait considérable à noter, car, en raison de ces bonnes et amicales relations, le sentiment national, tout aussi puissant au Brésil que l'esprit mercantile, appelle sur le commerce français une préférence marquée. On aime la France à Rio-Janeiro comme dans le reste de l'Empire, non-seulement parce que la nature du Français s'assimile mieux à la nature du Brésilien, et que ses mœurs, son origine, sa croyance vont parfaitement à des populations catholiques et de source latine; mais on l'aime aussi parce qu'aucun choc, aucune offense, aucun dissentiment notable n'ont séparé les deux pays, et parce qu'on sait que la France, dans sa politique honnête et loyale, n'a aucune pensée, aucun dessein de porter atteinte à la dignité de l'Empire sud-américain et aux développements de sa prospérité. Cette sympathie est d'autant plus vive et mieux assise, qu'il s'en faut de beaucoup qu'elle s'étende aux deux autres grandes nations maritimes. Le Brésil n'a pas oublié et n'oubliera pas de longtemps les procédés brutaux de l'Angleterre dans la question de la traite, et quant aux États-Unis, leurs récentes tentatives au sujet de l'Amazone et les vues d'usurpation future qu'elles décèlent ont singulièrement accru les défiances et les antipathies qu'inspirent à tous les Américains du Sud les Anglo-Saxons du Nord.

L'heure est donc bonne, je le répète, pour les deux pays, et j'aurai rempli mon but si, en exposant succinctement l'état du Brésil et ses ressources présentes et futures, j'appelle, sur les avantages réciproques de liens plus multipliés et plus intimes, l'attention des deux gouvernements et des deux peuples.

LE BRÉSIL.

CHAPITRE PREMIER.

NOTIONS HISTORIQUES ET GÉOGRAPHIQUES.

Le Brésil seule monarchie au milieu des républiques hispano-américaines. — Expérience des deux formes. — Où est le progrès, où est la décadence? — Débuts difficiles du nouvel Empire. — Départ du roi Jean VI pour le Portugal. — Insurrection générale. — Proclamation de l'Indépendance. — Don Pedro Ier empereur. — Les frères Andrada. — Leur rupture avec l'Empereur. — Leur opposition dans l'Assemblée. — L'Assemblée est dissoute. — Don Pedro fait lui-même la Constitution, agréée par le peuple et jurée le 25 mars 1824. — Paix avec le Portugal par l'intermédiaire de l'Angleterre. — Reconnaissance du Brésil comme empire indépendant. — Comment l'Angleterre se fait payer ses bons offices. — Guerre avec Buenos-Ayres et Montevideo. — Convention préliminaire de paix du 27 août 1828. — Les Brésiliens abandonnent Montevideo. — Fâcheux effet de cette guerre. — Désordre dans les finances. — Désordre dans les idées. — Contre-révolution et anarchie. — Agitation parlementaire. — Majorité hostile à l'Empereur. — Événement du 7 avril 1831. — Abdication de don Pedro Ier en faveur de son fils. — Omnipotence du Parlement. — Ses tendances ultra-libérales. — Ses goûts d'économie. — Suppression de la régence à trois, du Conseil d'État. — Émancipation des provinces. — Le prêtre Feïjo régent unique. — Son caractère. — Son administration. — Sa lutte parlementaire. — Sa démission. — Régence provisoire, puis définitive de Pedro d'Araujo-Lima. — Gouvernement régulier. — Déclaration de majorité de l'Empereur. — Troubles et rébellions pendant les régences. — Provinces de Para, des Alagoas, de Rio Grande do Sul. — Troubles après les régences. — São-Paulo. — Minas Geraës. — Les *Santa Luzias* et les *Saquaremos*. — Derniers désordres à Pernambuco. — Paix générale intérieure. — Calme des partis.

Les provinces de l'Empire. — Maritimes. — Centrales. — Leurs climats. — Leurs produits. — Diamants. — Mines d'or, de fer, de charbon. — Café, sucre, coton, cacao, caoutchouc, bois de teinture et d'ébénisterie. — Population. — Situation admirable de l'Empire sur toutes les routes maritimes du commerce européen.

De tous les États indépendants qui couvrent le vaste continent de l'Amérique centrale et méridionale, un seul, le Brésil, est régi par la forme monarchique. Pour l'Europe, où les révolutions ont soulevé tant d'idées pleines de périls, l'expérience qui se fait de l'autre côté de l'Atlantique est donc féconde en enseignements. Dans des conditions à peu près pareilles, sur le même théâtre, et presque à la même date, deux populations qui s'aiment d'autant moins qu'elles ont plus d'affinités de mœurs et de race, ont essayé deux formes de gouvernement contraires. Le Pérou, le Chili, la Bolivie, le Paraguay, les Provinces Argentines, l'Uruguay, l'Équateur, Venezuela, Guatemala, la Nouvelle-Grenade, ont adopté le régime républicain en se séparant de la métropole. Le Brésil, tout en rompant avec le Portugal, sa mère patrie, a cru plus sage de garder la monarchie, et un rameau de la maison de Bragance a été retenu et greffé sur le sol américain.

Aujourd'hui, après plus d'un tiers de siècle d'expérience, qu'est-il arrivé de cette double épreuve? Où est le progrès, où est la décadence? où est l'ordre, où est l'anarchie? où est la sécurité, où est l'inquiétude incessante de l'avenir?

Si peu renseignée qu'elle soit des choses de l'autre hémisphère, l'Europe sait à quoi s'en tenir sur les résultats atteints, et ce n'est ni mon désir ni mon but de rechercher pourquoi et comment la république a si mal réussi jusqu'à ce jour parmi les anciennes colonies espagnoles. Je puis affirmer cependant, et nul ne me contredira, qu'à l'exception peut-être d'un seul État [1], mieux prédisposé apparemment aux pratiques anglo-saxonnes, et où les bouleversements ont été rares, partout l'épreuve de ces trente dernières années semble démontrer combien la règle républicaine se faisait difficilement agréer par les populations de race latine, que le catholicisme a façonnées au principe d'autorité. Je pourrais aller plus loin et affirmer qu'avec de tels éléments la république est impossible, et le passé me donnerait raison. Mais la Providence a ses desseins secrets sur les peuples, et si elle permet qu'ils se fourvoient, ce n'est pas pour les faire éternellement s'agiter dans une voie sans issue. Par des moyens qui échappent aux calculs de l'homme et que Dieu seul connaît, l'Amérique espagnole arrivera, c'est ma ferme espérance, à accomplir sa destinée et à développer sa richesse dans le travail et dans la paix. Si pénible qu'ait été et que soit encore le sillon, il donnera un jour sa moisson, d'autant plus riche et mieux venue qu'elle aura été plus longtemps et plus ardemment désirée.

Mais le Brésil n'a pas eu à chercher sa voie, et depuis la proclamation de son indépendance, il a

---

[1] Le Chili, qui n'a que passagèrement souffert de ces luttes de personnes si fatales aux républiques hispano-américaines, et qui, aujourd'hui surtout, sous l'impulsion d'un président patriote et éclairé, est en pleine voie de progrès.

marché d'un pas ferme vers un avenir de jour en jour mieux dessiné de prospérité et de grandeur. Et cependant que d'obstacles et de périlleux défilés à traverser! Tout d'abord, c'était la guerre avec l'ancienne métropole, la guerre forcée; car le Portugal ne pouvait renoncer volontairement à un joyau pareil, et les profits qu'il retirait de sa puissante colonie valaient bien l'effort d'une lutte désespérée. Puis vint la guerre étrangère, la guerre avec la Confédération Argentine pour la possession de Montevideo. Puis, enfin, l'agitation intérieure, la guerre des partis, l'abdication du prince énergique qui avait proclamé l'Indépendance et doté le Brésil d'une Constitution admirable, l'abdication de don Pedro Ier, qui, sûr de l'avenir pour son jeune fils, tant il comptait, malgré des orages passagers, sur le bon sens et la loyauté de ses fidèles Brésiliens, méditait, dans ses rêves chevaleresques, d'aller rendre un trône à sa fille bien-aimée, Dona Maria da Gloria!

C'était pourtant chose grave que de laisser un enfant de cinq ans sur un trône fondé depuis neuf années, dans un empire encore tout frémissant de l'effort violent par lequel il avait conquis son indépendance, qui venait de mal conduire et de mal finir une guerre avec ses voisins, et qui, en ce moment même, était livré tout entier aux luttes acharnées des partis. Que de rivalités, que d'ambitions contraires devaient éclater autour de ce pouvoir dont l'exercice devait appartenir aux plus entreprenants et aux plus habiles! La Constitution avait réglé le mode de régence, attribuée à trois personnages élus par l'Assemblée générale; mais on avait toute raison de craindre que trois régents exerçant collectivement l'autorité impériale ne parvinssent pas à s'entendre et n'enlevassent au pouvoir suprême toute sa force et son prestige.

Ce n'est pas tout : le Brésil est un empire immense, qui se compose de vingt provinces [1], très-inégalement peuplées, mais dont quelques-unes surpassent en étendue territoriale plusieurs de nos grandes monarchies d'Europe. Cet empire est baigné par l'océan Atlantique sur un développement d'environ onze cents lieues de côtes, et sur quelques points il pénètre dans les terres jusqu'à cinq cents lieues de profondeur. Ses provinces ont des produits et des besoins divers, par conséquent des intérêts peu homogènes : la population même est un mélange, à doses diverses, des races blanche, noire et rouge. Toutes ces causes, sommairement indi-

---

[1] A l'époque de l'Indépendance, le Brésil comptait seulement dix-huit provinces. Dans ces dernières années, deux nouvelles provinces ont été créées ; celle des *Amazones*, démembrée de la province du Para, et celle du *Parana*, dont le territoire a été formé de districts détachés des provinces de São-Paulo, de Sainte-Catherine et de Rio Grande do Sul. *Voir à la fin du chapitre la nomenclature des provinces.*

quées, politiques, géographiques ou sociales, rendaient donc, même en temps ordinaire et aux mains vigoureuses d'un homme fait, extrêmement difficile l'exercice du pouvoir impérial. A combien plus forte raison le trône d'un enfant devait-il être exposé aux plus dangereuses secousses !

En effet, les dix années de régence que le Brésil a traversées ont été laborieuses et pleines d'orages. Les partis politiques se sont disputé le pouvoir avec acharnement; des rébellions locales ont éclaté; il y a eu des luttes ardentes, des menaces de séparation; mais, en définitive, non-seulement le principe monarchique a prévalu (il n'avait jamais été sérieusement attaqué), mais, à travers ces difficultés inouïes, qu'aucun autre État peut-être n'aurait aussi victorieusement surmontées [1], le Brésil a marché constamment dans la voie du progrès, et il s'est

[1] Le rapprochement n'est pas de moi, il a été fait par un personnage qui connaissait merveilleusement bien l'Europe, l'esprit le plus calme et le plus réfléchi qui ait existé, et dont le nom est une autorité en fait de bon sens; je veux parler du duc de Wellington. Le ministre du Brésil à Londres parlait devant le vieux duc de la situation de l'Empire et de la vitalité de ses institutions qui lui avait permis de traverser sans bouleversement la période si orageuse d'une régence de dix années. Le duc médita quelques instants, puis, d'une voix lente et grave et comme pesant ses paroles, il répondit : « Oui, vous avez raison, vous pouvez être fier de votre Con-« stitution et de votre pays : je ne connais pas en Europe un « État qui aurait résisté à une pareille épreuve. »

trouvé prêt à suivre résolûment son jeune Empereur, quand une déclaration heureusement précoce de majorité a mis, en 1840, les rênes du gouvernement en ses mains.

Le but de ce livre est de constater l'état présent du Brésil, de faire entrevoir l'avenir qui lui est réservé, et non de raconter son passé. Il importe cependant, pour l'intelligence des faits actuels, de présenter au lecteur une esquisse rapide des circonstances qui ont accompagné et suivi la proclamation de l'Indépendance, et des événements qui ont signalé les débuts de l'Empire.

A l'époque où toutes les colonies espagnoles de l'Amérique centrale et méridionale venaient de briser les liens qui les unissaient à la métropole, le Brésil ne pouvait rester soumis au joug colonial. La présence à Rio-Janeiro du roi Jean VI et de sa famille, que l'invasion du Portugal par les Français avait forcés, en 1807, de quitter Lisbonne, comprima pendant plusieurs années le mouvement; mais, en 1821, l'heure vint où le vieux roi eut en quelque sorte à choisir entre ses deux couronnes. Lisbonne, Oporto, les principales villes du Portugal étaient en insurrection. Pour faire tête à une révolution imminente et pour sauvegarder les droits héréditaires de la maison de Bragance, il fallait absolument que le chef de la dynastie revînt à Lisbonne. Il y avait, il est vrai, péril imminent à quitter le Brésil, où grondait la menace de l'Indépendance; mais le roi Jean comprit qu'il ne fallait pas risquer de tout perdre à la fois, et il partit pour l'Europe, en laissant à son fils, don Pedro, le gouvernement du Brésil avec le titre de régent.

Mais le Brésil ne voulut pas s'exposer à retomber de nouveau sous le régime abhorré de la suprématie métropolitaine, et il se leva comme un seul homme pour conquérir son indépendance et se séparer à tout jamais de la mère patrie. Dans ces circonstances décisives, don Pedro prit résolûment son parti. Le 7 septembre 1821, il acclama solennellement l'Indépendance du Brésil, et le Brésil l'acclama à son tour pour son empereur. Une Assemblée constituante fut immédiatement convoquée pour donner une Constitution au nouvel Empire.

Parmi les hommes qui prirent la plus grande part à ce mouvement, il faut placer en première ligne les trois frères Andrada, José Bonifacio, Martim et Antonio Carlos. Tous les trois avaient siégé, comme représentants du Brésil, au sein de l'Assemblée constituante réunie à Lisbonne, à la suite des événements de 1820. L'énergie avec laquelle ils avaient défendu les droits de leur patrie dans cette assemblée où l'intérêt métropolitain était tout-puissant, leur avait conquis au Brésil une immense popularité.

De retour sur la terre natale, et certains désormais qu'une séparation violente pouvait seule assurer l'avenir du Brésil, ils se firent les apôtres de l'Indépendance, et entamèrent contre le parti portugais une guerre acharnée. La prompte adhésion du régent don Pedro donna au mouvement provoqué par les Andrada un chef et les plus sûres garanties de succès. Proclamé empereur, don Pedro Ier prit pour ses ministres deux des frères, José Bonifacio et Martim. Toute l'action politique fut concentrée dans leurs mains et dans celles du troisième frère, Antonio Carlos, associé à leur influence.

Les Andrada, dont le nom demeure invariablement attaché au fait glorieux de l'émancipation brésilienne, sont aujourd'hui dans la tombe, et on peut parler de ces personnages sans craindre de se laisser prendre aux passions ardentes qu'ils avaient soulevées autour d'eux.

Tous les trois étaient des esprits élevés, dominés par le plus vif sentiment patriotique, suffisamment pourvus d'instruction, nourris surtout de ces hasardeuses théories de gouvernement que la Révolution française avait mises en vogue, et qui ont fait tant de victimes parmi les peuples dénués de sens pratique. Comme tous ceux que la faveur populaire a enivrés, ils étaient entiers, absolus, et leur excessive vanité ne souffrait pas la contradiction, de quelque part qu'elle vînt.

Avec de telles dispositions, les Andrada ne pouvaient longtemps faire bon ménage avec l'empereur don Pedro Ier; insouciant des détails, qu'il abandonnait volontiers à ses ministres, ce prince avait de l'initiative et l'instinct des grandes choses : il ne voulait pas être annulé. Aussi la bonne intelligence fut bientôt rompue, et l'Empereur prouva à ses ministres, en les renvoyant, qu'il pouvait se passer d'eux.

Mais les trois frères siégeaient au sein de l'Assemblée que don Pedro avait réunie pour donner une Constitution à l'Empire. Leurs talents et leur popularité assuraient leur prépondérance dans cette assemblée, et leur ambition désappointée faisait d'eux les chefs naturels d'une redoutable opposition. Tel fut en effet le rôle qu'ils prirent en abandonnant le pouvoir. Dès lors l'Empereur et la Constituante ne s'entendirent plus, et tout l'effort des Andrada s'attacha à entretenir l'agitation dans le pays et dans la Chambre, soit en surexcitant les haines nationales contre les Portugais, soit en faisant sanctionner par l'Assemblée tout ce que l'arsenal des Constitutions passées leur fournissait de plus exorbitant et de plus impraticable en fait de théories ultra-démocratiques.

Dans ces circonstances, qui allaient à son caractère résolu, don Pedro Ier prit sur-le-champ son parti. Un beau jour il fit entourer de troupes le siége de l'Assemblée constituante, il en fit sceller les portes, et en même temps un décret impérial annonça au peuple brésilien que cette assemblée était dissoute, et qu'une autre assemblée allait être convoquée, laquelle aurait à délibérer sur un projet que présenterait l'Empereur, et qui donnerait aux libertés de la nation de plus sûres et meilleures garanties.

L'Empereur se garda bien de réaliser sa promesse en ce qui concernait la réunion d'une autre assemblée. C'eût été renouveler l'agitation parlementaire, avec la certitude de ne rien finir. Mais, assisté dans son œuvre par des ministres intelligents et honnêtes, il donna au Brésil ce qu'il appelait de tous ses vœux, une sage et très-libérale Constitution, dont je parlerai amplement tout à l'heure, Constitution qui régit encore le Brésil. Soumise à la sanction nationale, et unanimement agréée par les municipalités, qui demandèrent instamment à l'Empereur de la mettre sur-le-champ à exécution, cette Constitution fut promulguée comme la loi suprême du Brésil. Dans la journée du 25 mars 1824, l'Empereur jura solennellement de l'observer, et le même serment fut prêté par tous les fonctionnaires de l'Empire.

Pendant que ces événements s'accomplissaient à l'intérieur, les hostilités continuaient toujours avec le Portugal; et bien que la cour de Lisbonne n'eût désormais aucune chance de ressaisir sa domination sur son ancienne colonie, la guerre avait le grave inconvénient d'entretenir en état de trouble certaines provinces où le parti de la métropole comptait ses plus nombreux adhérents. Il fallait en finir cependant : les Portugais avaient été battus dans la province de Bahia et chassés de l'Empire; d'un autre côté, une frégate brésilienne interceptait l'embouchure du Tage, et à la nouvelle de quelques prises qu'elle avait faites, le commerce de Lisbonne avait jeté les hauts cris, demandant instamment qu'on acceptât les faits accomplis, et qu'à défaut d'une domination à jamais perdue, on rendît au moins au Portugal ses fructueuses relations avec le Brésil.

Toujours prête à s'employer dans les affaires où ses intérêts commerciaux et son influence ont quelque chose à gagner, l'Angleterre intervint pour réconcilier les deux parties. Tout-puissant en Portugal, le cabinet de Londres décida aisément le roi Jean VI à entrer en négociation avec le nouvel Empire, et, pour mieux marquer son ascendant dans cette affaire, il fit nommer comme plénipotentiaire de la cour de Lisbonne un diplomate anglais, sir Charles Stuart, chargé de débattre et d'arrêter les bases d'un traité de paix. Par ce traité, conclu le 29 août 1825, sous la médiation de l'Angleterre, le Portugal reconnut l'Indépendance du Brésil. Mais avec un négociateur anglais cette reconnaissance ne devait pas être gratuitement obtenue, et, par un article séparé où s'est empreinte la griffe du lion, le

Brésil dut s'obliger à payer au Portugal la somme d'un million sterling pour le remboursement d'un emprunt que le gouvernement de Lisbonne avait conclu à Londres en 1823.

Une déclaration de reconnaissance qui donnait au fait la sanction du droit et qui garantissait l'avenir du nouvel Empire, en lui attribuant, même aux yeux des publicistes les plus pointilleux, le plein exercice de sa souveraineté, une telle déclaration ne pouvait être payée trop cher, et en somme le traité de 1825 était un événement heureux. Mais l'empereur don Pedro Ier aimait les aventures, et au lieu de s'occuper à compléter la pacification du pays, où germaient encore beaucoup de semences d'agitation et de discorde, il eut la fantaisie de se jeter dans une guerre étrangère.

Le roi Jean VI, argüant d'un droit assez équivoque, qu'il aurait tenu du chef de sa femme, fille du roi Charles IV d'Espagne, avait tenté une première fois, en 1812, de prendre possession de Montevideo; ses troupes avaient envahi la bande orientale, mais l'Angleterre intervint, et à la suite d'un armistice illimité conclu sous les auspices de lord Strangford, la division portugaise repassa la frontière.

En 1816, les Anglais étaient sans doute occupés ailleurs, et la tentative fut renouvelée avec plus de succès; Montevideo tomba aux mains du roi Jean, et la domination portugaise fut établie sur l'État oriental tout entier. Cette occupation reçut même une apparente consécration légale, car, le 19 juillet 1821, le *Cabildo* de Montevideo [1], décréta l'incorporation de la province au Portugal, sous le nom de province Cis-Platine. Quand le Brésil se fut déclaré indépendant, le territoire oriental resta partie intégrante du nouvel Empire.

Mais peu à peu s'était réveillée, à Montevideo, la vieille antipathie qui, sur tous les points du monde, a toujours divisé les Espagnols et les Portugais. Des protestations secrètes furent répandues contre le vote arraché, en 1821, au *Cabildo* de Montevideo par la pression de l'autorité portugaise. Le gouvernement de Buenos-Ayres, comme centre de l'ancienne vice-royauté espagnole, prit fait et cause pour Montevideo, et demanda au Brésil par des notes menaçantes la restitution de la bande orientale, comme faisant partie intégrante des républiques de la Plata. Le cabinet de Rio repoussa cette prétention. Mais bientôt une poignée d'émigrés orientaux (ils étaient trente-trois) débarqua dans la province, appelant leurs concitoyens à l'insurrection. Les troupes brésiliennes, affaiblies par la désertion de presque tous

[1] Le *Cabildo* était une sorte de chambre municipale dont l'autorité ne s'exerçait que sur la ville. Aussi l'acte dont on parle ici fut-il attaqué dans la suite comme n'émanant pas des représentants de la nation.

les Cis-Platins, durent abandonner la campagne aux insurgés, et se retirèrent dans les places fortes de Montevideo et de la Colonia. Un gouvernement provisoire fut installé, qui proclama immédiatement l'indépendance de la bande orientale.

Ces événements se passaient en 1825, au moment même où l'empereur don Pedro Ier concluait la paix avec le Portugal. Il n'est pas toujours très-facile de juger impartialement les faits politiques à distance, et on court le risque de se dégager trop des passions du moment, avec lesquelles les gouvernements doivent toujours plus ou moins compter. Il semble cependant qu'après l'explosion de ces sentiments de nationalité qui venaient d'éclater dans la bande orientale avec une force si irrésistible, c'était le cas pour le Brésil d'accepter les faits accomplis, et de faire vis-à-vis de cette province si impatiente du lien qui la rattachait à l'Empire précisément ce que le Portugal venait de faire vis-à-vis du Brésil même. Tel ne fut pas malheureusement l'avis de l'empereur don Pedro Ier: il se roidit contre les obstacles qu'il rencontrait, il prit à partie les provinces unies de la Plata, comme ayant fomenté l'insurrection, et il embarqua le pays dans une de ces guerres où les nationalités sont en jeu et dont l'issue est toujours mauvaise. Cette guerre dura deux ans, avec des chances diverses, et elle se termina enfin par une convention préliminaire de paix, conclue le 27 août 1828, sous la médiation de l'Angleterre, et qui reconnaissait l'indépendance de l'État oriental.

La guerre de Montevideo fut l'épisode fâcheux du règne de don Pedro Ier. Elle altéra gravement sa popularité, car, en fait de guerres, les peuples pardonnent tout sauf l'insuccès; elle greva ses finances d'une dette énorme, enfin (et ce fut peut-être son plus grand tort) elle détourna le prince de l'œuvre de pacification des esprits, œuvre si nécessaire après l'effort d'une séparation violente qui laissait subsister au fond des cœurs tant de germes de jalousie, de défiance et de haine.

Proclamer l'Indépendance du Brésil et la faire accepter par la métropole, ce n'était là en effet que le commencement et la partie la plus facile de la tâche imposée à don Pedro. Doter le pays d'une bonne Constitution, c'était assurément beaucoup, surtout pour l'avenir, mais ce n'était pas tout. Il fallait encore, pour que l'Indépendance produisît les fruits magnifiques qu'on en espérait, pour que la Constitution fonctionnât utilement, s'appliquer à manier avec habileté les choses et les hommes; il fallait fortifier la Constitution par un ensemble de lois qui fissent passer aisément dans la pratique l'esprit libéral et conservateur qui respire dans cette œuvre; il fallait surtout s'inquiéter des hommes, dans un État nouveau qui ouvrait à l'ambition des uns les plus vastes horizons et qui suscitait chez les autres le regret sans fin des situations perdues, qui touche de bien près à la pensée d'une revanche à prendre.

Ce mandat que lui imposaient les circonstances, don Pedro l'a-t-il complétement rempli? Je crois que non. Ce prince aux instincts généreux, merveilleusement doué pour les choses grandes et hardies, n'avait pas, ce me semble, cette raison calme et froide qui calcule les détails, qui compte avec les obstacles, et qui par la sagesse et la mesure de ses actes, arrive à la longue à réfréner les passions mauvaises et à ouvrir un lit régulier aux passions légitimes.

Les révolutions les plus nationales, les plus nécessaires, les plus fécondes pour l'avenir, font toujours payer cher leur venue. Si le progrès est la loi de l'homme, nul progrès considérable ne saurait s'accomplir sans perturbation et sans déchirements, comme pour témoigner de l'infirmité humaine. En rompant ses liens avec la métropole, que trois siècles de servage colonial avaient rivés, le Brésil ne pouvait échapper à la règle commune, et un esprit plus attentif et moins impétueux que celui de don Pedro Ier n'eût pas préservé les débuts de l'Empire de toute faute et de tout mécompte. Il y avait un trouble immense non-seulement dans les situations personnelles, mais dans les âmes, et la menace venait moins peut-être des intérêts surexcités que des idées. Qu'on se reporte en effet à cette époque de 1820 à 1825, où tout le midi de l'Europe, l'Espagne, le Portugal, l'Italie, bâtissaient, à l'aide de théories, des Constitutions en l'air qui devaient vivre ce que vivent les édifices sans base, et qui furent renversées, presque sans coup férir, par la raison humaine représentée, *proh pudor!* par les baïonnettes de la Sainte-Alliance. Depuis la Révolution française, qui avait vulgarisé ces théories et fourni le fonds commun des idées sur lequel brodaient toutes les Cortès et Constituantes du monde, l'éducation politique n'avait pas fait un pas, et le sublime de l'art était de sacrifier la société à l'individu, sans profit, hélas! même pour l'individu, car la royauté découronnée et conspuée était impuissante à donner à la nation l'ordre et la sécurité sans lesquels ni l'État ni les particuliers ne prospèrent.

C'est le lait de ces théories qu'avaient sucé, à l'école des Cortès d'Espagne et de Portugal, les plus notables entre les Brésiliens, ceux qui étaient naturellement appelés à prendre une part influente au gouvernement de leur pays. D'un autre côté, le Portugal avait légué à sa colonie émancipée toute une caste de fonctionnaires, entre autres tout un personnel de magistrats, qui, soit par leurs talents, soit par la notoriété que donne la longue possession des emplois publics, devaient, plus que d'autres, attirer l'attention du peuple, sous un régime où l'élection populaire avait la plus large place. Ceux-là, dominés par leurs habitudes, étaient généralement mal disposés à l'égard des nouveautés qui prenaient pied au Brésil, et il leur coûtait beaucoup de renoncer à un état de choses dont ils avaient la pratique consommée.

De là, pour le nouvel empire, deux menaces et deux périls, la contre-révolution et l'anarchie.

Don Pedro Ier avait très-habilement manœuvré entre les deux écueils, quand, par un coup de tête hardi, il avait donné lui-même une Constitution au Brésil. Mais cette Constitution, très-libérale et très-démocratique, comme on le verra tout à l'heure, exigeait la réunion annuelle d'une assemblée générale formée de deux chambres. L'Empereur, qui sentait instinctivement qu'il allait se créer des difficultés insurmontables, recula tant qu'il put cette convocation; mais un moment arriva où tout ajournement devint impossible, et dans l'année 1827, la première Assemblée législative du Brésil fut solennellement réunie.

Dès lors commença une lutte qui ne devait finir qu'avec le règne de don Pedro. Tous les éléments discordants qui agitaient l'Empire avaient leur représentation dans l'Assemblée, et les influences contre lesquelles le prince avait si vigoureusement lutté pendant la durée de la Constituante n'étaient ni moins prépondérantes ni moins hostiles. Avec sa nature bouillante et hasardeuse, l'Empereur n'était pas homme à reculer, et malheureusement les conseillers dont il s'était alors entouré, aussi mal façonnés que lui aux exigences parlementaires, n'avaient ni l'habileté ni l'autorité nécessaires pour atténuer les difficultés et pour modérer, par des transactions faites à propos, l'ardeur du combat. L'assistance malencontreuse du parti portugais, qui se disait protégé par le prince, parce que le prince protégeait l'ordre public incessamment troublé à l'occasion des Portugais, vint mettre le comble à l'impopularité de don Pedro Ier, qui prit noblement un grand parti. Le 7 avril 1831, il abdiqua en faveur de son fils mineur, et s'embarqua pour l'Europe, où son héroïsme chevaleresque allait reconquérir un trône pour sa fille dona Maria da Gloria.

En abdiquant, il désigna pour tuteur à son fils don Pedro II, son ancien ministre du temps de l'Indépendance, devenu son plus redoutable adversaire dans le Parlement, José Bonifacio d'Andrada.

Le parti libéral triomphait, mais, quoique dans ses rangs figurassent un certain nombre de prétendus républicains, nulle tentative ne fut faite pour changer la forme monarchique du gouvernement.

Le jeune Empereur fut solennellement acclamé, la nomination du tuteur du prince fut ratifiée. L'assemblée générale désigna, conformément à la Constitution, une régence de trois membres.

Tous les actes législatifs furent d'abord marqués

au coin du libéralisme le plus exagéré et le moins pratique. On s'efforça de profiter de la victoire qu'on avait remportée, en garrottant le pouvoir exécutif et en annihilant son action. Des tendances de cette époque, une seule a eu des fruits utiles que l'avenir devait récolter. Les finances étaient dans une situation déplorable par suite des habitudes de gaspillage que l'imprévoyance de l'Empereur avait laissé s'introduire dans l'administration. L'Assemblée générale fut impitoyablement économe : elle ne fut pas toujours intelligente dans ses sévérités : mais si sa parcimonie eut des côtés mesquins, elle prépara en somme, et ce sera son éternel honneur, ce bel ordre dans la gestion des deniers publics, et cet équilibre entre les recettes et les dépenses que d'habiles ministres ont pu mettre dans le budget depuis bientôt dix années, et qui est le levier le plus puissant de la prospérité de l'Empire.

Toute cette première œuvre se fit avec assez d'ensemble et d'accord. Mais l'enthousiasme de la victoire s'était calmé, le souvenir des luttes communes s'était effacé, et il arriva ce qui arrive toujours après les grandes crises, les vainqueurs se divisèrent : les uns voulant toujours aller de l'avant, rabaisser de plus en plus le pouvoir monarchique et concentrer l'action gouvernementale aux mains d'une assemblée ultra-démocratique, les autres bien décidés à s'arrêter sur une pente fatale, à regarder autour d'eux et à favoriser le développement lent et progressif des institutions qui devaient fortifier à la fois le pouvoir et la liberté, deux partis se dessinèrent, qu'on baptisa de ces noms éternellement inscrits dans les annales des assemblées délibérantes : *Exaltados* et *Moderados*.

Un troisième parti se constitua en même temps, formé des vaincus de toutes les époques, et dans lequel se confondaient les partisans encroûtés des idées métropolitaines et les anciens amis de l'Empereur déchu. Ce parti du passé (*Restaurador*) prit le nom bizarre de *Caramuru;* c'était le titre d'un journal qui était son principal organe.

Tiraillé par les partis, dominé et annulé par l'Assemblée générale, le gouvernement fonctionnait mal. Sa propre Constitution aggravait encore sa faiblesse : même dans la limite d'action qui lui était réservée, quelle initiative pouvait-on attendre d'une régence à trois?

Aussi l'Assemblée, qui avait manqué souvent de bon sens et de sagesse, mais qui ne manquait jamais de patriotisme, n'hésita pas à réformer en ce point la Constitution. Elle décréta qu'il n'y aurait plus qu'un seul régent, et qu'il serait nommé par la nation. Une loi détermina le mode de cette élection et les pouvoirs du nouveau régent. Diégo Antonio Feijó fut nommé. C'était un prêtre appartenant au parti libéral, homme roide et opiniâtre, médiocrement instruit et éclairé, mais d'une énergie et d'une probité à toute épreuve. En proie aux tendances les plus anarchiques, le pays semblait toucher à une dissolution sociale : l'ordre public était incessamment menacé, et les factions brisaient à plaisir les derniers liens de subordination et de hiérarchie. Feijó fit résolûment tête à cette situation menaçante; il comprima avec fermeté les efforts de l'anarchie, et il n'hésita pas, tout en restant inébranlablement dévoué aux doctrines libérales, à s'efforcer de rendre au pays la paix et la sécurité par des mesures illibérales au premier chef. Ce contre-sens patriotique devait accroître la confusion et multiplier les obstacles. Le moment vint où Feijó comprit peut-être qu'il ne pouvait garder plus longtemps le pouvoir, et qu'il était lui-même un obstacle à l'œuvre d'apaisement qu'il avait entreprise. Il se démit de ses hautes fonctions, et, par un sentiment d'abnégation qui l'honore, il désigna comme ministre de l'Empire (Intérieur), devant exercer provisoirement la régence, un des chefs de l'opposition modérée qui l'avait obligé à se démettre, Pedro Araujo Lima, aujourd'hui marquis d'Olinda.

La nation confirma ce choix, et l'élection d'Araujo Lima aux fonctions de régent définitif assura le pouvoir aux mains du parti conservateur.

Dès cette époque, on sortit des aventures, et les ministres dont le régent s'était entouré s'attachèrent à relever le principe d'autorité, à calmer les passions et à asseoir la sécurité publique sur les bases d'un gouvernement régulier. L'œuvre était assez avancée quand l'Empereur fut déclaré majeur et prit l'exercice du pouvoir suprême, le 23 juillet 1840.

L'époque des régences a été pleine d'agitations et de troubles. Ce n'étaient que des séditions locales, mais, par leur fréquence, par leur intensité, quelquefois par leur durée, elles prenaient le caractère d'un mal général, d'une calamité publique. Tous ces désordres sont à peu près oubliés aujourd'hui, et il n'en reste guère dans le souvenir des Brésiliens que quelques dénominations, qui ont survécu. Aussi mentionnerai-je à peine les rébellions qui ont éclaté dans les provinces du Para, des Alagoas, du Maranham et de Rio Grande do Sul.

Les trois premières n'avaient ni cause ni but politique, mais elles accusaient d'autant plus la faiblesse du gouvernement, qu'elles n'étaient, à vrai dire, que des actes de brigandage, entrepris dans une pensée de pillage et d'assassinat. Quelques populations semi-barbares de l'intérieur se ruèrent sur les capitales et sur quelques grands établissements privés, pour les mettre à sac. L'effort social eût dû suffire pour prévenir ou au moins pour châtier immédiatement ces entreprises de sauvages; mais la société, ne se sentant pas protégée par le gouvernement, touchait à sa dissolution, et l'audace pouvait tout. La répression fut lente, d'autant plus que le succès avait encouragé les bandits et grossi leurs rangs.

L'insurrection de la province de Rio Grande do Sul eut un caractère plus sérieux, et elle a laissé assez longtemps des traces, non dans la province même, très-calme aujourd'hui et très-dévouée au gouvernement de l'Empereur, mais dans les rapports du Brésil avec les Etats limitrophes de la Plata. Les insurgés, maîtres de la petite ville de Piratinim, y installèrent le siége d'un gouvernement républicain. Cette manifestation, fomentée et appuyée tour à tour par Rosas, déjà gouverneur de Buenos-Ayres, et par les chefs de bandes qui entretenaient la guerre civile dans l'État oriental, se perpétua pendant plusieurs années sans que l'idée démocratique, qu'elle prétendait implanter au Brésil, gagnât un pouce de terrain. Le gouvernement se borna d'abord à faire observer les rebelles par un corps de troupes, puis il essaya de les réduire par un développement de forces assez considérable. Le but n'était pas encore atteint quand l'Empereur prit les rênes du gouvernement, et sa sage modération mit seule un terme à cette longue échauffourée. Peu après son avénement au trône, don Pedro II proclama une amnistie générale en faveur des insurgés de Rio Grande do Sul. Ceux-ci abdiquèrent de très-bonne grâce un rôle aussi contraire à leurs instincts qu'à leurs intérêts, et prirent place au nombre des plus fidèles serviteurs de la monarchie. Il y a quelques années, le fils d'un de leurs principaux chefs résidait à Paris, où il remplissait les fonctions de secrétaire de la légation brésilienne; et ceux qui l'ont connu et aimé, ceux qui regrettent sa mort si prématurée, savent si la forme républicaine pouvait avoir gardé quelque charme pour ce brillant jeune homme aux mœurs tout aristocratiques.

Les débuts du règne de l'Empereur ne pouvaient pas être tout à fait exempts d'agitation et de troubles. On ne passe pas sans transition du désordre à l'ordre; mais aussi un pays se discipline d'autant mieux qu'il a plus longtemps souffert du mépris de la règle.

En 1841, les Chambres avaient voté une loi qui réorganisait l'administration de la justice criminelle et la police. Une autre loi, non moins urgente et non moins salutaire, avait fortifié le pouvoir impérial, en rétablissant le Conseil d'État, vigoureux instrument de gouvernement, qu'une loi du temps de la régence avait supprimé. Ces mesures législatives devinrent l'occasion d'un acte de rébellion à main armée dans deux provinces.

Quelques chefs du parti libéral, appartenant aux provinces de Minas-Geraës et de São-Paulo, avaient protesté contre ces lois, qu'ils tenaient pour inconstitutionnelles. Leur protestation fut écartée. On cria à la Constitution violée : l'Empereur, disait-on, avait eu la main forcée par les chefs du parti conservateur qui formaient son conseil; on agita les deux provinces, où bientôt l'étendard de la révolte fut arboré.

Mais le gouvernement était prêt : des troupes furent envoyées; elles atteignirent les forces insurgées dans un lieu appelé *Santa-Luzia*, et les dispersèrent. C'est depuis cette époque qu'on donna le nom de *Santa-Luzias*, non pas seulement aux anciens insurgés, mais au parti libéral tout entier. Les conservateurs furent désignés sous le nom de *Saquaremos*.

La plupart des chefs du mouvement furent faits prisonniers, et on commença l'instruction de leur procès; mais bientôt après, un décret d'amnistie vint jeter sur ce passé le voile de l'oubli.

Enfin un dernier acte de révolte éclata à Pernambuco, en 1848; mais ce n'était déjà plus pour des questions de principe et de gouvernement général qu'on en venait aux mains; il ne s'agissait que de questions d'influence locale et de gouvernement provincial; les rebelles furent battus et pris, et l'ordre fut pleinement rétabli dans la province par une nouvelle amnistie.

Depuis cette époque, l'Empire jouit d'une paix profonde qui désormais ne sera plus troublée. Ces partis jadis si ardents et toujours prêts à en venir aux mains, sont aujourd'hui entièrement calmés, et d'anciens adversaires politiques qui paraissaient irréconciliables servent aujourd'hui sous la même bannière. L'apaisement a été si complet, il a si profondément pénétré dans les masses, qu'aux élections dernières (en 1852) ce n'est pas la majorité, c'est l'unanimité que le pays a donnée au gouvernement. C'est que la sagesse et l'habileté consommées du jeune Empereur ont su satisfaire à la fois, dans une large mesure, les instincts progressifs et les besoins conservateurs : c'est que les hommes eux-mêmes se sont formés à la rude école de l'expérience, et que, dévoués également au pays et au prince, ils ont subordonné leur ambition aux intérêts de la commune patrie. Ainsi tout marche au Brésil dans une voie sûre et connue, et tout prospère : l'activité des transactions commerciales, en développant la richesse privée, a assis sur les plus solides bases la richesse publique, et l'état florissant des finances de l'Empire donne déjà et promet mieux encore pour l'avenir toutes les grandes améliorations que réclame un territoire en voie de passer de l'état sauvage à la civilisation.

Si j'ai tenu à rappeler, avec quelques détails, l'époque de troubles et de misère que le Brésil a traversée, c'est moins pour faire contraster le présent avec le passé que pour redire, très-surabondamment sans doute, aux Brésiliens eux-mêmes, qu'ils ne doivent regarder derrière eux que pour persévérer plus résolûment que jamais dans la route que leur a frayée leur jeune Empereur. Ils ont été assez longtemps dupés par le mirage des théories, ils ont aujourd'hui la réalité d'un bon gouvernement, c'est-à-dire l'ordre intérieur, la sécurité, la prospérité du présent, la garantie certaine d'un avenir magnifique. Qu'ils s'y tiennent et qu'ils en jouissent; c'est mon vœu et mon conseil, qu'ils me pardonneront d'ailleurs, si, comme je le crois, j'ai prêché des convertis.

A cet aperçu historique, qui n'a d'autre prétention que de donner au lecteur une idée sommaire du passé contemporain, il me semble utile d'ajouter quelques brèves notions géographiques et topographiques.

Le Brésil est un des plus vastes empires de la terre : sa superficie totale est de 7 millions 992 mille kilomètres carrés; il s'étend du nord au sud, depuis le 4e degré de latitude septentrionale jusqu'au 33e degré de latitude méridionale, et de l'est à l'ouest, depuis le 37e jusqu'au 73e degré de longitude ouest.

L'Empire se compose aujourd'hui de vingt provinces, dont seize ont des ports sur l'océan Atlantique, et dont quatre seulement sont circonscrites dans l'intérieur des terres.

Voici la nomenclature des provinces maritimes classées d'après leur situation du nord au sud :

Para, Maranham, Piauhy, Rio Grande do Norte,

Ceara, Parahyba, Pernambuco, Bahia, Sergipe, Alagoas, Espiritu Santo, Rio de Janeiro, São Paulo, Parana, Santa Catherina, São Pedro ou Rio Grande do Sul.

Les provinces centrales sont : Amazonas, Matto Grosso, Goyas, Minas Geraës. Les deux premières de ces provinces sont mises en communication avec la mer par deux grands fleuves, l'une par l'Amazone, l'autre par le Rio Paraguay.

Avec son immense développement du nord au sud et les chaînes de montagnes qui accidentent son sol, le Brésil jouit des climats les plus divers, depuis la brûlante température de l'Équateur jusqu'aux chaleurs doucement rafraîchies de l'Europe méridionale.

Plusieurs de ces provinces, et entre autres celles de l'Amazone, du Para, de Matto Grosso, de Minas Geraës, sont aussi vastes que les plus grands royaumes d'Europe. La province du Para, dont on a démembré récemment la partie qui forme aujourd'hui la province de l'Amazone, comprenait tout le territoire qui se trouve entre le 4e degré de latitude nord et le 6e degré de latitude sud et entre les 48e et 71e degrés de longitude ouest.

Le sol est presque partout couvert de magnifiques forêts où l'homme n'a pas pénétré, et sillonné de fleuves et de rivières que le travail humain rendra facilement navigables.

La puissante végétation des tropiques étale au Brésil toute sa majesté; mais les parties élevées, surtout dans les provinces du Sud, s'accommodent parfaitement aussi des cultures de l'Europe : le blé, les fruits, les végétaux, produits du sol européen, y viennent facilement et en abondance. A son monopole incontesté de terre à diamants le Brésil ajoute d'autres richesses minérales, des gisements d'or, de fer, de charbon, médiocrement exploités jusqu'ici, mais qui, aux mains de colons actifs, doteront le pays d'immenses et nouvelles ressources.

La base principale de son exportation, qui prend chaque jour plus d'accroissement, est dans les produits de son agriculture et de ses forêts. Ce sont le café, le sucre, le tabac, le coton, le cacao, le caoutchouc et les plus magnifiques bois de teinture et d'ébénisterie. L'exportation des provinces centrales consiste surtout en or et en diamants.

Pour ce pays si fécond et grand presque comme l'Europe entière, on compte à peine sept à huit millions d'habitants, en laissant de côté les tribus clairsemées d'Indiens qui errent dans les forêts. Cette incroyable disproportion entre les ressources du sol et la population ne saurait durer, en nos temps surtout, où sur tant de points du globe la terre ne suffit pas à nourrir ceux qui la cultivent. Aussi les desseins de la Providence, conformes aux désirs et aux besoins de l'Empire, doivent-ils tendre à pousser vers ces contrées bénies le surcroît de population qui s'agite en Europe, parce qu'elle ne trouve pas sur le sol natal les moyens d'assurer sa subsistance et son avenir.

L'agriculture, voilà l'impérissable richesse du Brésil. A ce sol d'une fertilité fabuleuse il ne manque que des bras.

Avec seize provinces assises sur l'Atlantique; avec des ports magnifiques; placé comme étape sur le chemin de tous les points où l'Europe va trafiquer, sur la route des Indes, de l'Australie, de l'Amérique occidentale; produisant abondamment tout ce que la civilisation européenne recherche, consommant tout ce qu'elle produit, l'Empire du Brésil a devant lui un avenir de prospérité incalculable, et si nul cataclysme ne vient troubler l'œuvre du temps, sa destinée n'aura rien à envier à ce qui a passé de plus florissant sur la terre.

CHAPITRE DEUXIÈME.

LA CONSTITUTION.

Avantage des Constitutions princières. — La Constitution du Brésil faite par l'Empereur. — Sanction nationale. — Serment à la Constitution. — Trente-deux ans d'existence. — Analyse de la Constitution. — Pouvoir modérateur. — Ses attributions. — Conseil d'État. — Pouvoir exécutif. — Pouvoir législatif. — Assemblée générale; Sénat, Chambre des députés. — Attributions spéciales de l'une et de l'autre Chambre. — Conflit des Chambres entre elles. — Conflit entre les Chambres et le pouvoir impérial. — Moyens constitutionnels de solution. — Assemblées provinciales. — Décentralisation administrative. — Ouvrage de M. de Ponthos. — Ses objections contre la centralisation. — Réponse. — Base de la Constitution. — Souveraineté nationale. — Suffrage universel. — Électeurs de paroisse. — Électeurs de province. — Les étrangers naturalisés et les non-catholiques exclus de la députation. — Inconvénients de cette exclusion. — Utilité d'une réforme en ce point et de la révision des lois sur les étrangers. — Comment la Constitution a fonctionné. — Concours efficace prêté par les hommes d'État du Brésil. — Patriotisme éclairé des Chambres. — Les deux Empereurs.

Le signe le plus caractéristique des bonnes Constitutions, c'est leur vitalité même. On a fait des œuvres théoriquement bonnes, où les plus habiles ouvriers avaient déposé tous les trésors et tous les enseignements de la science, notre Constitution de l'an III, par exemple, et ces œuvres ne pouvaient pas vivre et n'ont pas vécu. Le sens pratique manquait à ces travaux de l'intelligence, et ce mécanisme, en apparence irréprochable, ne fonctionnait pas.

Mieux vaut l'œuvre d'un prince que celle des plus savants théoriciens, en fait de Constitution monarchique. Un prince a instinctivement, par sa situation même, la large compréhension de l'intérêt général ; il voit des faits là où la science ne voit que des idées, il voit des hommes là où la science ne voit que des principes.

La Constitution du Brésil est l'œuvre d'un prince, de l'homme qui a proclamé l'Indépendance, de son premier Empereur, don Pedro Ier, de chevaleresque mémoire. Comme je l'ai dit, ce prince, à bout de patience, ferma les portes de l'Assemblée constituante qu'il avait fait élire et qui n'aboutissait à rien. Cette tâche pour laquelle l'Assemblée était impuissante, il l'accomplit lui-même, aux applaudissements de la nation. Il faut conserver à l'histoire les noms des conseillers fidèles qui ont assisté leur Empereur dans l'élaboration de cette œuvre mémorable, comme membres de son ministère ou de son Conseil d'État ; ce sont : MM. Joâo Sévérino Maciel da Costa ; Luiz José de Carvalho e Mello ; Clemente Ferreira Franca ; Marianno José Pereira de Fonseca ; Joâo Gomès da Silveira Mendonça ; Francisco Villeta Barboza ; Barâo de S. Amaro ; Antonio Luiz Pereira da Cunha ; Manoel Jacinto Nogueira da Gama ; José Joaquim Carneiro de Campos. Tous ces personnages sont aujourd'hui descendus dans la tombe, comblés d'honneurs et de titres.

La Constitution fut publiée le 11 décembre 1823 et offerte à l'acceptation de la nation brésilienne. Trois mois après, le 11 mars 1824, un décret impérial fut rendu, déclarant qu'un très-grand nombre de municipalités, formant déjà la majorité du peuple brésilien, avaient unanimement approuvé ce projet, et demandaient avec instance qu'il fût solennellement proclamé comme Constitution de l'Empire :
« Considérant, ajoute le décret, que ces instances
» du loyal peuple brésilien sont justes, en raison
» des incontestables avantages qui résulteront pour
» lui de la possession de son code constitutionnel,
» j'ai résolu, de l'avis de mon conseil, de jurer et
» faire jurer ce projet comme la Constitution de
» l'Empire, lequel serment sera prêté dans cette
» capitale le vingt-cinquième jour du présent mois,
» et dans les autres villes de l'Empire aussitôt que
» mon décret impérial sera entre les mains des
» autorités. »

La cérémonie de la prestation de serment eut lieu en effet le 25 mars 1824, et cette date est restée un des anniversaires les plus mémorables et une des grandes fêtes politiques de l'Empire.

Voilà donc bientôt trente-deux ans que fonctionne la Constitution donnée au Brésil par l'empereur don Pedro Ier, et pendant cette période d'un tiers de siècle, elle n'a subi qu'un petit nombre de modifications en 1834, dans la forme légale qu'elle indique elle-même, modifications dont j'aurai à parler tout à l'heure. Certes, c'est là un fait remarquable, non-seulement lorsqu'on compare cette vitalité des institutions brésiliennes avec la mobilité dans les hommes et dans les choses qui semble la loi des Républiques dont l'Empire est entouré, mais encore quand on la rapproche de l'instabilité des institutions monarchiques dans notre vieille Europe. A l'heure qu'il est, sauf l'Angleterre, dont la Grande Charte, incessamment modifiée et fortifiée par la pratique, est toujours debout, il n'est pas en Europe une Constitution qui ne soit infiniment moins sanctionnée par le temps que la Constitution brésilienne. N'est-ce pas la preuve que le Brésil a trouvé ce qu'il lui fallait tout d'abord, et quand les autres nations en étaient encore aux tâtonnements?

Avec ce tempérament méridional qui prête à toutes les mobilités, le peuple brésilien est cependant demeuré fermement attaché à sa Constitution; il l'aime aujourd'hui mieux qu'aux premiers jours, et il semble qu'à mesure qu'il l'expérimente davantage, il en reconnaît mieux les mérites. Il y a eu, à l'origine de l'Indépendance, quelques partis au Brésil peu respectueux pour la Constitution, soit qu'ils rêvassent un retour impossible à la métropole, soit qu'ils se laissassent gagner aux utopies républicaines des États voisins; aujourd'hui il n'y a plus rien de pareil : qu'on soit avec ou contre les hommes d'État qui gouvernent, tout le monde veut la Constitution, rien de plus, rien de moins.

Quelle est donc la valeur de cette œuvre, quels sont ses caractères originaux? C'est ce que je vais essayer d'indiquer dans une analyse aussi succincte que possible.

La Constitution du Brésil se compose de huit titres subdivisés en cent soixante-dix-neuf articles. Voici la nomenclature des matières que renferme chaque titre :

Titre Ier. — De l'Empire du Brésil, de son territoire, de son gouvernement, de sa religion.

Titre II. — Des citoyens brésiliens.

Titre III. — Des pouvoirs et de la représentation nationale.

Titre IV. — Du pouvoir législatif, — de la Chambre des députés, — du Sénat, — proposition, discussion, sanction et promulgation des lois, — des conseils généraux des provinces et de leurs attributions, — des élections.

Titre V. — De l'Empereur, — du pouvoir modérateur, — du pouvoir exécutif, — de la famille impériale et de sa dotation, — de la succession à l'Empire, — de la Régence en cas de minorité ou d'empêchement de l'Empereur, — du ministère, — du Conseil d'État, — de la force militaire.

TITRE VI. — Du pouvoir judiciaire, — des juges et tribunaux.

TITRE VII. — De l'administration et du système économique des provinces, — des chambres municipales, — des finances nationales.

TITRE VIII. — Dispositions générales et garanties des droits civils et politiques des citoyens brésiliens.

Comme on le voit, la Constitution impériale embrasse tous les points dont traitent habituellement les constitutions des monarchies représentatives. Mais il y a dans cette œuvre certaines dispositions qui ne se trouvent pas ailleurs et qui ne sont pas les moins heureuses.

Ainsi nous ne connaissons, dans nos Constitutions européennes, que les trois pouvoirs législatif, exécutif et judiciaire. Le Brésil admet un quatrième pouvoir : c'est le pouvoir modérateur, attribué à l'Empereur et qu'il exerce sans le concours de ses ministres [1], dans les circonstances suivantes qu'énumère l'article 101 :

---

[1] On a longtemps controversé au Brésil, dans les feuilles publiques et dans le Parlement, la question de savoir si les actes du pouvoir modérateur avaient besoin d'être contresignés par un ministre. A la suite de ces débats, qui avaient fort échauffé les partis, aucune loi interprétative n'est intervenue, mais l'usage du contre-seing ministériel a prévalu.

Il y a peu d'inconvénient à cette pratique, qui, à mon avis, n'est qu'un témoignage de bienveillance courtoise

CHAPITRE DEUXIÈME.

En nommant les sénateurs dans la forme prescrite par la Constitution;

En convoquant une Assemblée générale extraordinaire quand l'exige l'intérêt de l'Empire;

En sanctionnant les décrets et résolutions de l'Assemblée générale pour leur donner force de loi;

En approuvant ou en suspendant provisoirement les résolutions des conseils provinciaux;

En prorogeant ou ajournant l'Assemblée générale et en dissolvant la Chambre des députés lorsque l'exige le salut de l'État; en convoquant immédiatement une nouvelle Chambre;

En nommant et en renvoyant librement les ministres;

En suspendant les magistrats dans les cas prévus par la Constitution;

En faisant grâce et en modérant les peines infligées aux condamnés;

donné par l'Empereur aux chefs de la majorité parlementaire qui sont appelés à constituer le cabinet. L'esprit et la lettre même de la Constitution font de l'exercice du pouvoir modérateur le privilége exclusif de l'Empereur, à cette seule condition qu'il consultera les membres de son Conseil d'État, déclarés responsables des avis qu'ils donnent. Quant aux ministres, leur droit est défini et limité par l'article 132 de la Constitution, dont voici le texte : « Les ministres signe-
» ront ou contre-signeront tous les actes du pouvoir exé-
» cutif, sans quoi ces actes ne pourront recevoir leur
» exécution. » Le contre-seing ministériel n'est donc pas obligatoire pour les actes du pouvoir modérateur.

En accordant une amnistie dans des cas urgents et quand le conseillent l'humanité et le bien de l'État.

Tous ces actes, qui dans les monarchies parlementaires sont du ressort du pouvoir exécutif, c'est-à-dire du chef de l'État avec le concours de ses ministres, s'accomplissent, dans l'Empire du Brésil, par l'Empereur seul, en vertu du *pouvoir modérateur* que la Constitution lui confère. Ce sont, en effet, des attributions considérables qui rehaussent le prestige de la monarchie, et qu'il est bon de distraire de la sphère ministérielle, toujours accessible aux passions de parti. Grâce à cette innovation sensée, on ne saurait voir, par exemple, au Brésil, ce qui s'est vu en France, quand le roi voulant changer de cabinet était obligé d'user de son influence personnelle sur un des ministres congédiés, pour obtenir un contre-seing qu'on pouvait à la rigueur lui refuser.

Aussi la Constitution brésilienne définit-elle en ces termes significatifs le nouvel élément qu'elle introduit dans le mécanisme politique de l'Empire :
« Article 98. — Le pouvoir modérateur est la clef
» de voûte de toute l'organisation politique; il est
» délégué exclusivement à l'Empereur comme chef
» suprême de la nation et son premier représen-
» tant, pour qu'il veille incessamment sur le main-
» tien de l'Indépendance, et sur l'équilibre et l'har-
» monie des autres pouvoirs. »

Cependant, même pour l'exercice de ce privilége qui lui appartient en propre, l'Empereur n'est pas dépourvu d'une assistance efficace qui éclaire sa prérogative sans la gêner. La Constitution a créé un Conseil d'État composé de dix membres inamovibles (le chiffre a été depuis porté à douze), lequel Conseil tient le rang le plus élevé parmi les institutions du Brésil, formé qu'il est des hommes les plus éminents de tous les partis, tous ou presque tous anciens ministres, et dont les attributions n'ont d'ailleurs que des analogies fort éloignées avec celles de notre Conseil d'État. Au nombre de ces attributions se trouve le droit de donner son avis *dans toutes les occasions où l'Empereur se propose d'exercer une des prérogatives propres au pouvoir modérateur.* Le mandat du Conseil d'État ne se limite pas là; il doit encore être entendu *dans toutes les affaires graves, sur toutes les mesures générales d'administration publique, principalement sur les déclarations de guerre, les traités de paix et les négociations avec les nations étrangères*[1].

[1] La loi du 23 novembre 1841, qui a rétabli le Conseil d'État, malencontreusement supprimé en 1834, a modifié en quelques points les attributions données au Conseil par la Constitution de 1824. Voici sur quels points le Conseil d'État est aujourd'hui spécialement appelé à délibérer : 1° Sur l'exercice des attributions du pouvoir modérateur; 2° sur les déclarations de guerre, les traités et les négociations; 3° sur les questions de prises et d'indemnité; 4° sur les conflits de juridiction des autorités administratives entre

La responsabilité atteint les conseillers d'État aussi bien que les ministres, et c'est là, en quelque sorte, la garantie donnée par la Constitution contre leur inamovibilité[1]. L'article 143 porte : « Les con-
» seillers d'État sont responsables pour les avis
» qu'ils donnent en opposition aux lois et aux inté-
» rêts de l'État, ou qui seraient évidemment frau-
» duleux. »

L'article 144 donne la mesure de la hauteur à laquelle la Constitution a voulu élever le Conseil d'État. Voici son texte : « Le Prince impérial, dès
» qu'il a dix-huit ans accomplis, est de droit mem-
» bre du Conseil d'État. Les autres princes de la
» famille impériale ne siégent dans ce Conseil qu'en
» vertu d'un acte de nomination de l'Empereur.
» Ceux-ci et le Prince impérial ne comptent pas
» dans le nombre fixé par la Constitution. »

---

elles et de celles-ci avec le pouvoir judiciaire; 5° sur les abus de l'autorité ecclésiastique; 6° sur les décrets, règlements et instructions pour la bonne exécution des lois et sur les propositions que le pouvoir exécutif doit présenter aux Chambres législatives.

C'est cette loi de 1841 qui a élevé à douze le chiffre des conseillers ordinaires et autorisé la création de douze conseillers d'État extraordinaires.

[1] La loi de 1841 donne une garantie d'un autre genre contre l'inamovibilité des conseillers d'État. Elle autorise l'Empereur à les *dispenser* de leurs fonctions pour un temps indéfini.

Je signale surtout, dans la volumineuse Constitution du Brésil, les points par lesquels elle s'écarte des données généralement admises en Europe. Les attributions propres au pouvoir exécutif exercé par l'Empereur avec le concours de ses ministres n'offrent sous ce rapport aucune dissemblance digne de mention; je me borne à citer ces deux articles :

« ART. 100. Ses titres (de l'Empereur) sont : *Empe-*
» *reur constitutionnel et défenseur perpétuel du Brésil :*
» on le qualifie de *Majesté Impériale.* »

« ART. 104. L'Empereur ne peut sortir de l'Empire
» du Brésil sans le consentement de l'Assemblée gé-
» nérale; s'il le fait, il sera entendu qu'il abdique
» la couronne. »

J'arrive au pouvoir législatif et à son organisation : notons d'abord, en passant, que la souveraineté nationale est la base immuable des institutions brésiliennes. L'article 11 le dit énergiquement : « *Les*
» *représentants de la nation sont l'Empereur et l'Assem-*
» *blée générale.* » Il n'y a pas de débat et de prétention à élever, au nom du droit divin, dans un pays qui fait sortir de la même source populaire l'Empereur et les Chambres, le pouvoir législatif et le pouvoir exécutif.

L'Assemblée générale se compose d'un Sénat et d'une Chambre des députés. L'une et l'autre Chambre émanent de l'élection. Seulement, les députés sont nommés directement par un certain nombre d'électeurs provinciaux [1], lesquels sont désignés eux-mêmes par la généralité des citoyens réunis en assemblée de paroisse. J'expliquerai tout à l'heure les conditions très-simples des deux degrés d'électorat. Les sénateurs sont élus de la même manière; mais ce ne sont pas des sénateurs, ce sont des candidats au Sénat que les électeurs désignent. Pour chaque siége vacant ils présentent trois noms, entre lesquels l'Empereur fait un choix.

Les sénateurs doivent être âgés au moins de quarante ans et posséder au moins un revenu quelconque de 2,400 francs. Les députés peuvent être nommés à vingt-cinq ans, et il suffit qu'ils justifient d'un revenu de 1,200 francs. Les sénateurs sont nommés à vie; les députés sont élus pour quatre ans.

La session annuelle ordinaire est de quatre mois; elle s'ouvre invariablement le 3 mai, à moins que la moitié plus un des membres des deux Chambres ne puisse être réunie. Cette circonstance exception-

---

[1] L'élection des députés s'est faite jusqu'ici par un scrutin général de liste, pour toute la représentation de chaque province. Mais dans la session qui vient de finir, une proposition émanée de l'initiative du Sénat, et qui a été adoptée par la majorité des deux Chambres, apporte de graves modifications au système actuel et substitue l'élection par district à l'élection par province : elle formule, en outre, de nombreuses incompatibilités entre les fonctions publiques et le mandat de député. Cette résolution des Chambres a été sanctionnée par l'Empereur et convertie en loi.

nelle s'est présentée pour la première fois à l'ouverture de la session de 1854, qui a dû être retardée de quatre jours, en attendant que les Chambres fussent en nombre suffisant.

Les députés et les sénateurs reçoivent un subside pécuniaire qui est fixé, en ce qui concerne les députés, à la fin de chaque législature, pour la législature suivante. Le subside des sénateurs est de moitié en sus de celui des députés. En ce moment l'allocation accordée aux membres de la Chambre temporaire est de 7,200 francs. Il leur est en outre accordé une indemnité pour les dépenses de voyage, aller et retour.

Le droit d'initiative appartient à l'Empereur et aux deux Chambres; l'initiative est exclusivement attribuée à la Chambre des députés sur les questions d'impôt, de recrutement, du choix d'une dynastie nouvelle en cas d'extinction de la dynastie régnante : c'est aussi devant cette Chambre que doit être portée en premier lieu la discussion des propositions faites par le pouvoir exécutif; c'est elle seule, enfin, qui décrète s'il y a lieu à accusation contre les ministres ou les conseillers d'État.

Le Sénat a dans ses attributions exclusives de connaître des délits individuels commis par les membres de la famille impériale, les ministres, les conseillers d'État et les sénateurs, ainsi que des délits commis par les députés pendant la durée de leur mandat;

De connaître de la responsabilité des ministres et conseillers d'État;

D'expédier des lettres de convocation à l'Assemblée dans le cas où l'Empereur ne l'aurait pas fait dans les deux mois qui suivent l'époque fixée par la Constitution. Dans cet objet le Sénat devra se réunir extraordinairement;

De convoquer l'assemblée à la mort de l'Empereur pour l'élection de la Régence, si la Régence provisoire n'a pas rempli ce devoir.

Les formes de procéder, dans les deux Chambres, ressemblent à ce qui est généralement pratiqué, sauf certaines règles d'étiquette minutieusement décrites, dans la loi fondamentale elle-même ou dans les dispositions réglementaires, et qui ont pour but et pour effet d'atténuer, par la gravité cérémonieuse des formes, les chocs entre les pouvoirs, et peut-être aussi de calmer, par l'ampleur des appellations honorifiques et par le système de circonlocution anglaise qui adresse au président de la Chambre les propos dirigés contre un adversaire, de calmer, dis-je, l'ardeur et la violence de parole, qui s'introduirait aisément au milieu de ces tempéraments tropicaux. Mais voici en quoi consiste surtout l'originalité de la Constitution brésilienne : elle a prévu deux cas où l'action du législateur est paralysée, et elle s'est appliquée à les régler. Quand il y a conflit entre les deux Chambres, quand l'une adopte et quand l'autre rejette un projet de loi, la Constitution a créé un moyen de terminer le différend, en autorisant, dans ces circonstances, les deux Chambres à se réunir en une seule assemblée qui décide la question à la majorité des voix.

L'autre difficulté est plus grave encore, et Dieu sait ce qu'elle a fait dépenser d'encre, depuis deux tiers de siècle, aux publicistes d'Europe. Il s'agit de savoir à qui doit rester le dernier mot, du gouvernement ou des Chambres, en cas de dissentiment. La Constitution du Brésil tranche la question en faveur du pouvoir parlementaire. Mais il faut remarquer que l'empereur don Pedro Ier avait pris ses précautions et que la procédure qu'il a prescrite donne à la prérogative impériale les plus sûres garanties et laisse aux passions tout le temps de se calmer. Le refus de sanction n'est que suspensif : mais pour qu'une proposition émanée des Chambres puisse avoir de plein droit force de loi, il faut qu'elle ait été adoptée par trois législatures successives, c'est-à-dire par trois votes différents, à un intervalle de quatre années entre chaque vote. Il est inutile d'ajouter que cette disposition constitutionnelle n'a jamais été appliquée, et d'ailleurs une loi qui aurait passé par de telles épreuves serait certes une loi vraiment exigée par l'intérêt général.

Le système représentatif est en pleine vigueur au Brésil dans tous les degrés de la hiérarchie des conseils délibérants. La commune, la province ont leurs représentants élus aussi bien que la généralité de l'Empire. C'est en ce qui touche la représentation provinciale que la Constitution de don Pedro Ier a été gravement modifiée en 1834. Elle avait établi des *conseils provinciaux* dont les résolutions ne pouvaient avoir force de loi qu'après la sanction de l'Assemblée générale; l'Acte additionnel à la Constitution, promulgué le 12 août 1834, substitue à ces conseils des assemblées provinciales qui ont l'autorité législative dans toutes les matières qui intéressent les finances et l'administration de la province. Cette réforme, celle qui supprimait le Conseil d'État, et une troisième qui établit une régence unique, ont été considérées, à l'époque où la loi fut votée, comme une victoire remportée par le parti démocratique sur le parti conservateur. Mais, aujourd'hui que l'effervescence des passions est calmée et que le décret de 1834 a fonctionné pendant vingt et un ans, il n'est personne au Brésil qui soit tenté d'éveiller cette vieille querelle et qui ne tienne l'extension donnée au pouvoir provincial comme sans danger pour l'unité de l'Empire et comme infiniment avantageuse à la bonne gestion des affaires locales.

Chose remarquable! Ce décret de 1834, œuvre des ultra-libéraux, et qui semblait devoir fortifier leur domination, a été le point de départ d'une réaction conservatrice, qui, à travers quelques obstacles passagers, quelques temps d'arrêt de courte durée, s'est développée jusqu'à ce jour, de manière à sauvegarder définitivement la monarchie brésilienne contre toute théorie subversive. Une œuvre dictée peut-être par une pensée de dislocation et de renversement, a été, en définitive, une œuvre de conservation et de sage progrès. Seulement les conservateurs intelligents que le jeune Empereur a appelés dans ses conseils, s'inspirant de la haute pensée du prince, ont rectifié, par des mesures pleines de sens pratique, ce qu'il y avait d'aventureux et d'exagéré dans les dispositions du décret. La loi du 23 novembre 1841 a rétabli le Conseil d'État, en élargissant encore ses attributions et en élevant le chiffre de ses membres de dix à douze. Plus tard, une loi interprétative du 12 mai 1849 a défini les attributions des assemblées provinciales de manière à empêcher tout conflit avec le pouvoir central, tout en maintenant le système de décentralisation dont l'expérience avait démontré les bons effets.

Dans un ouvrage récemment publié en Belgique et qui se distingue par une étude consciencieuse des faits, M. le comte Stratten-Ponthoz critique vivement ce système, dans l'intérêt de la prérogative monarchique, qu'il représente comme amoindrie de tout ce que le décret de 1834 a concédé aux initiatives locales. Dans ma conviction profonde, l'honorable écrivain se trompe, et dominé qu'il est par une opinion préconçue, il ne tient pas suffisamment compte des faits qu'il a d'ailleurs si soigneusement observés. Était-il possible, dans un pays d'une aussi immense étendue que le Brésil et qui n'a de population fortement agglomérée que sur quelques points de son littoral, était-il possible d'imposer aux provinces le joug d'une centralisation *administrative*, qui eût laissé nécessairement toutes choses en souffrance? Parmi ces provinces, grandes quelques-unes comme des royaumes, il en est que leur éloignement de la capitale et l'imperfection de leurs voies de communication placent tout à fait en dehors de l'action directe du pouvoir central. Le seul moyen d'y faire circuler l'air et la vie, c'était précisément de leur donner une vie propre: c'était aussi le seul moyen d'éloigner d'elles les idées de séparation qui sont le vrai danger de ces immenses territoires à intérêts si divers. Le moyen est bon, et il a réussi. Il y avait au Brésil, dans les premières années de l'Indépendance, des partis séparatistes : il n'y en a plus.

La force vitale de la Constitution brésilienne ne réside pas seulement dans son savant mécanisme et dans l'ingénieuse combinaison de ses rouages: elle réside surtout dans sa base même, la souveraineté nationale. Tout se fait au Brésil par l'élection, et tout citoyen brésilien, indigène ou naturalisé, est électeur, pourvu qu'il ait vingt-cinq ans. Il n'y a d'exception que pour les serviteurs à gages, pour les religieux cloîtrés et pour les individus qui ne jouissent pas d'un revenu annuel de 300 francs, de quelque source qu'il provienne, fût-il le produit d'un travail manuel quotidien. C'est bien là le suffrage universel, avec une règle d'âge qui donne de sérieuses et enviables garanties de calme et de bon sens.

Ainsi se constitue le premier degré de l'élection; mais les électeurs de paroisse ne nomment pas les députés, ils choisissent seulement les électeurs de province, qui constituent le second degré électoral, et auxquels est confié le droit de pourvoir à toutes les fonctions électives.

Tous les citoyens brésiliens peuvent être nommés électeurs provinciaux, pourvu qu'ils aient un revenu quelconque de 600 francs. Il n'y a d'exclusion qu'à l'égard des affranchis et des individus qui sont sous le coup d'une poursuite criminelle.

L'esclavage, au Brésil, est fort doux, et les affranchissements sont nombreux. Dans nul pays peut-être, le préjugé de la peau n'a moins de puissance. Si la Constitution a cru devoir refuser à l'affranchi le droit d'influer directement, par son vote, sur la gestion des affaires publiques, la précaution ne s'étend pas au delà de l'affranchi lui-même, et le fils d'affranchi jouit, dans leur plénitude, de ses droits de citoyen.

On a vu tout à l'heure quelle est la condition de cens imposée aux députés; deux autres exclusions, d'une valeur contestable, limitent le droit de siéger dans la Chambre élective. Elles s'appliquent aux étrangers naturalisés et aux individus qui ne professent pas la religion de l'État (la religion catholique).

Quand l'Indépendance a été proclamée, il régnait au Brésil une ombrageuse défiance contre les étrangers, c'est-à-dire contre les Portugais, anciens maîtres du pays, et qui, par des tentatives malencontreuses, n'avaient que trop prouvé qu'ils ne voulaient pas renoncer à l'espoir de replacer le jeune Empire sous le joug de la métropole. C'est sous ces impressions que la Constitution s'est faite, et c'est là ce qui explique la mesure qui ferme la députation aux étrangers naturalisés. Aujourd'hui, ces méfiances ne sont peut-être pas entièrement dissipées, et quelques incidents assez récents prouvent que les masses se laissent encore aller à des préventions désormais sans cause; mais le gouvernement et les classes éclairées du Brésil savent, sous ce rapport, à quoi s'en tenir, et, loin de se méfier des étrangers, ils les appellent à grands cris, dans la ferme conviction que les bras et les capitaux de l'Europe peuvent seuls suppléer à l'insuffisance de la population, et mettre en valeur l'immense territoire de l'Empire. Or, pour faire réussir la colonisation, pour faire agréer l'idée d'une expatriation lointaine aux populations agglomérées de l'Europe, n'est-il pas utile, indispensable même, d'offrir aux étrangers que le Brésil veut s'assimiler, une hospitalité exempte de restrictions et d'injurieuses méfiances? N'est-il pas nécessaire de réformer, de refondre dans un sens plus bienveillant, les lois qui régissent la condition des étrangers, et qui ont si souvent provoqué des plaintes? N'y eût-il, parmi ces nouveaux enfants de la terre américaine, qu'un petit nombre d'hommes d'élite, ne serait-il pas bon de permettre aux Brésiliens eux-mêmes de les choisir pour représentants, alors qu'ils remplissent toutes les conditions de citoyens, et après un certain nombre d'années passées au Brésil?

On peut objecter, sur ce point, qu'une génération seule est atteinte, et que le fils de l'étranger naturalisé est citoyen indigène, apte, par conséquent à toutes les fonctions et à tous les mandats. Mais ici se rencontre, comme un infranchissable obstacle, la seconde exception constitutionnelle : pour être élu député, il faut professer la religion catholique. Ainsi les colons étrangers qui suivent la religion réformée sont, eux et leur race, exclus de l'honneur de siéger dans la Chambre des députés. Or de quoi se compose, en ce moment, le personnel de l'émigration au Brésil? Il y a sans doute des colons du Portugal, des Açores, des Canaries, que l'exclusion n'atteindrait pas; mais ceux-là n'offrent à la colonisation de ce vaste Empire qu'une ressource limitée. La mine à exploiter pour la colonisation, mine que le Brésil a à peine entr'ouverte, et qui semble inépuisable, car c'est à elle que l'Amérique du Nord doit surtout le développement de sa richesse agricole, c'est la populeuse Allemagne. C'est cette race de patients, honnêtes et vigoureux travailleurs qu'il importe surtout d'acclimater dans les provinces du sud de l'Empire; et, pour qu'elle y vienne abondamment, pour qu'elle y demeure, il ne faut pas qu'elle soit frappée d'un éternel interdit politique. Les Allemands appartiennent en majorité au culte réformé, et ce ne serait pas une politique juste et habile que celle qui les placerait à toujours entre une sorte d'ilotisme constitutionnel ou une abjuration qu'un État tolérant ne saurait demander aux consciences.

Sur quelques autres points encore, la législation relative aux étrangers aurait, à mon avis, besoin d'être revisée, et certes ce n'est pas la bienveillance des intentions qui, à cet égard, fera faute au gouvernement du Brésil. Pour que la liberté des cultes qu'on accorde aux colons protestants ne soit pas une lettre morte, il faut faire fléchir, en ce qui les concerne, la règle qui abandonne aux ministres de la religion catholique la tenue des registres de l'état civil, et autoriser, soit les ministres du culte réformé, soit les autorités municipales, à constater les naissances et à valider les mariages des familles qui ne professent pas la religion de l'État.

Le meilleur moyen d'affaiblir, chez les émigrés

d'Europe, l'esprit de retour, c'est précisément de n'opposer aucun obstacle aux aspirations vers le sol natal. Indépendamment des colons appelés à féconder la terre, il y a au Brésil bon nombre d'étrangers qui apportent dans les villes leurs capitaux et leur industrie, sans avoir intentionnellement renoncé à l'idée de reprendre, à un jour donné, le chemin de leur patrie. Les lois qui régissent ces étrangers et leurs familles sont, depuis plusieurs années, l'objet de vives réclamations, en ce qui touche la naturalisation forcée des enfants d'étrangers nés au Brésil et l'administration des successions. Une refonte de ces lois dans un sens libéral serait, à mon avis, un acte intelligent et sage. Dût-il résulter quelques abus d'un système plus large et plus bienveillant, le Brésil, en somme, y gagnerait. Les précautions qu'il prend, les charges et les restrictions qu'il impose, prouvent seulement qu'il n'a pas suffisamment confiance en lui-même. Pour attirer les étrangers, pour les garder, pour les assimiler promptement à sa population indigène, il faut qu'il compte uniquement et avec une foi entière sur la sécurité et la liberté que donne à tous sa Constitution, sur l'abondance de ses ressources, sur les richesses inépuisables de son sol, sur les magnificences et la salubrité de son climat. Le régime des restrictions ne va pas à ce jeune et vigoureux Empire; qu'il le laisse à la vieille Europe, enchevêtrée dans ses traditions. En économie politique comme en politique, le seul régime qui lui convienne, c'est le régime du *laissez passer* et du *laissez faire*. Il peut y avoir de nécessaires exceptions à cette règle; il y en a, j'en signalerai; mais elles sont rares, elles doivent être temporaires, et évidemment ce n'est pas ici le cas de les appliquer.

Je viens d'analyser aussi brièvement que possible les points principaux de la Constitution brésilienne[1]. Pour savoir ce qu'elle vaut, il suffit de voir comment elle a fonctionné, et sous ce rapport, il y a quelques mots à dire des hommes. Des institutions, même excellentes, n'ont de valeur qu'autant qu'elles sont habilement appliquées. Là, comme en toutes choses humaines, il y a une question de conduite, une question de main qui prend une importance principale. Donnez à des républiques de l'Amérique du Sud de bonnes Constitutions (il y en a qui sont théoriquement presque irréprochables), et on peut parier dix contre un que ces Constitutions fonctionneront mal, c'est-à-dire qu'elles n'empêcheront ni les compétitions de pouvoir ni les dissensions

---

[1] Dans le dernier titre, consacré aux dispositions générales, se trouve indiquée la marche à suivre pour reviser la Constitution. Le même titre se termine (art. 179) par une *déclaration des droits*, en trente-cinq paragraphes, la plus complète, la moins métaphysique et la plus pratique que je connaisse. Une assemblée délibérante, livrée aux hasards des votes, n'eût certes jamais fait d'aussi bonne besogne.

intestines et les bouleversements qui en sont la suite, et qu'elles ne garantiront pas, par conséquent, aux citoyens la liberté et la sécurité sans lesquelles les sociétés ne sauraient vivre et prospérer.

La forme monarchique du gouvernement du Brésil a coupé court aux compétitions du pouvoir suprême, et c'est là son plus éminent mérite. L'élément du pouvoir modérateur, heureusement introduit dans la Constitution, a accru les garanties de stabilité, en restreignant la sphère ministérielle au profit de la prérogative impériale. Mais, il faut le dire, l'action sage, loyale, prévoyante des hommes d'État de tous les partis qui se sont succédé aux affaires a su faire sortir de ces excellentes institutions tout le bien et tous les avantages que le Brésil était en droit d'en attendre.

Le régime parlementaire est institué pour gouverner au milieu des partis : il les créerait, s'ils n'existaient pas; il lui en faut. C'est dans le cercle des partis qu'il établit et régularise les compétitions et la lutte, lutte restreinte qui, en dehors et au-dessous de la sphère respectée où plane le pouvoir monarchique, poursuit la conquête du pouvoir ministériel. Il y a eu au Brésil, depuis l'époque où la Constitution a été proclamée, beaucoup de ces luttes, quelquefois très-violentes. Les partis ont tour à tour occupé le pouvoir, et le gouvernement a été aux mains tantôt de ceux qui se prétendaient plus exclusivement libéraux, tantôt de ceux qui se préoccupaient surtout des intérêts de conservation et de progrès graduel. Eh bien, au milieu de ces conflits passionnés, et alors même que pendant la minorité de l'Empereur le pouvoir était aux mains de régents plus ou moins contestés et quelquefois impopulaires, alors que la dignité impériale n'avait pas tout son prestige, et que les provinces étaient tiraillées en tous sens par l'esprit de sédition, l'action du gouvernement a été généralement sage, impartiale, prévoyante, de manière à faire tête à des désordres passagers et à préserver l'Empire de tout bouleversement grave, de toute révolution. Chaque parti, en prenant la direction des affaires, a eu la conscience de sa responsabilité. Les plus libéraux ont compris sur-le-champ quels intérêts essentiels ils avaient à sauvegarder : les plus conservateurs ont ardemment recherché toutes les améliorations pratiques, et leurs efforts successifs ont réussi à consolider le trône, dont tous, sans exception, veulent le maintien et la grandeur, à populariser les institutions, et à placer l'Empire dans la voie de progrès où doit se développer de jour en jour davantage sa prospérité.

L'histoire garde une page glorieuse pour cette pléiade d'hommes d'État patriotes qui ont concouru à la fondation et à l'affermissement du nouvel Empire. J'ai nommé quelques-uns de ceux qui ne sont plus; je ne nommerai pas ceux qui vivent et qui, ministres de la veille, du jour ou du lendemain, ont encore une part influente aux affaires de leur pays. Si mon livre va jusqu'au Brésil, je ne veux pas qu'il s'expose au reproche d'oubli ou de flatterie envers qui que ce soit.

Les Chambres ont mérité aussi leur part d'éloges. Orageuses, passionnées par moments, leurs délibérations ont été cependant dominées par le sentiment du devoir monarchique et de l'intérêt public. Les chocs parlementaires entre les provinces ont été fréquents; mais dans ce conflit d'intérêts divers, la majorité, toujours guidée par la Constitution, a su généralement démêler la solution juste et pratique. Le Sénat surtout, composé d'hommes expérimentés, mûris par l'âge et par l'habitude des affaires, habilement choisis par le chef de l'État, sans acception de parti, le Sénat a rendu d'immenses services, en repoussant toutes les propositions irréfléchies et en prenant au besoin une intelligente initiative.

Mais c'est surtout à l'action suprême du pouvoir impérial que le Brésil doit d'être ce qu'il est.

Don Pedro Ier, l'auteur de la Constitution de 1824, a eu à lutter, au dedans et au dehors, contre des difficultés insurmontables. Ses sept années de règne, après la proclamation de la Constitution, ont été tristement signalées par des agitations et des désordres intérieurs, contre-coup des révolutions voisines, et suites naturelles de l'effervescence que la lutte pour l'émancipation avait provoquée. La guerre malencontreuse contre Buenos-Ayres ajoutait encore à la confusion, en grevant le pays d'une charge énorme, et en affaiblissant les moyens d'action du gouvernement contre l'anarchie. L'effet de cette situation troublée, que quelques lacunes dans cette brillante nature d'ancien chevalier et d'artiste [1] aggravaient encore, s'est prolongé pendant tout le règne du premier Empereur constitutionnel, et n'a pas laissé au jugement des contemporains le calme et la rectitude nécessaires pour apprécier les mérites du prince qui a fait le Brésil indépendant et libre, et qui, par la sagesse des institutions dont il l'a doté, lui a ouvert, large et féconde, la voie du plus magnifique avenir.

Mais l'heure de la justice est venue pour l'illustre Empereur; les passions de 1831 se sont éteintes, et l'Empire, en pleine possession des bienfaits de l'œuvre, entoure aujourd'hui l'immortel ouvrier des témoignages de son admiration et de sa reconnaissance. Rio-Janeiro, la noble capitale, a donné le signal de cette légitime et patriotique réaction; sur l'initiative de sa chambre municipale, une souscrip-

---

[1] Don Pedro Ier cultivait les arts : le Brésil lui doit la musique très-populaire de son hymne national.

tion a été ouverte pour élever une statue équestre à don Pedro Ier, sur la place même où la Constitution a été acclamée. Les offrandes ont afflué de toutes parts, et bientôt un impérissable monument attestera le culte que le Brésil a voué à l'auteur de sa Constitution, au chef de sa glorieuse dynastie.

Les mêmes sentiments, plus doux et plus touchants encore, rattachent la population brésilienne à l'héritier de don Pedro Ier, à l'empereur don Pedro II. Il est l'enfant du Brésil, né au milieu des crises d'une transformation laborieuse, et l'amour de la nation a protégé son berceau. Il a grandi pour elle et sous ses yeux; et, mûri avant l'âge par une expérience précoce, il s'est trouvé un homme, quand, à quinze ans, il a pris le pouvoir suprême.

Comment il a usé de ce pouvoir, avec quelle sagesse habile il a su se servir des hommes d'élite appelés par lui autour de son trône, comment il a réussi à pacifier les âmes, et, sans supprimer les partis, à les modérer, à les adoucir, à renfermer strictement leur action dans la limite constitutionnelle; c'est ce que l'histoire dira, et ce qu'on ne saurait dire aujourd'hui sans être suspect de flatterie; mais ce qu'on peut dès à présent constater, c'est l'intelligente pratique que le jeune Empereur a su faire de la Constitution, en maintenant tout à la fois la plénitude des droits parlementaires et les prérogatives tutélaires de la couronne. Véritable Empereur constitutionnel, don Pedro II a su s'élever au-dessus de tous les calculs, de toutes les passions, de tous les intérêts de parti; et il domine de la hauteur de son rôle suprême les hommes éminents qui prennent tour à tour place dans ses conseils.

CHAPITRE TROISIÈME.

SITUATION INTÉRIEURE.

Iniquité du monopole colonial. — Il a stérilisé les ressources du Brésil. — Dette portugaise imposée au Brésil par le traité avec le Portugal. — Mauvais état des finances. — Fidélité du Brésil à ses engagements. — Son crédit s'établit. — La dette extérieure. — La dette intérieure. — Émissions de papier-monnaie. — M. de Ponthos et *le Budget du Brésil*. — Budgets postérieurs à 1847. — Notable et progressive augmentation des recettes. — Temps d'arrêt momentané et sa cause. — Produits des droits d'importation. — Tableau comparatif des dix-huit dernières années. — Budgets des provinces. — De l'impôt foncier. — Ses dangers politiques en général. — Ses impossibilités économiques au Brésil. — La dépense. — Une portion considérable des dépenses à la charge des provinces. — Dépenses générales. — Liste civile. — Les départements ministériels. — État comparatif des dépenses portées aux budgets de 1846-47 et de 1856-57. — Amélioration de tous les services. — Armée et flotte du Brésil. — Politique pacifique de l'Empire. — L'indépendance de Montevideo n'est pas menacée. — Le Brésil a à conquérir son propre sol, à le coloniser. — Routes à créer. — Chemins de fer de Rio Janeiro, de Bahia, de Pernambuco. — Garantie d'intérêt. — Contrat pour l'exécution du chemin de fer de don Pedro II. — Routes carrossables. — Amélioration des rivières. — Navigation de l'Amazone. — Quatre lignes de bateaux à vapeur sur ce fleuve. — Double service de navigation à vapeur sur l'Atlantique, au nord et au sud de Rio. — Mouvement intellectuel. — Les journaux. — L'institut historique et géographique. — Établissements charitables. — Les sœurs de saint Vincent de Paul. — La sécurité individuelle. — Crimes contre les personnes. — Nécessité d'une répression sévère. — Le juge mis en dehors des partis par la nouvelle loi électorale. — Les cours d'appel. — Un tribunal de seconde instance par province.

Résumé. — Impulsion énergique donnée aux améliorations par le gouvernement. — Concours empressé du pays tout entier. — La capitale. — Assistance financière qu'elle prête à toutes les œuvres nouvelles. — Elle est en voie de se transformer.

Quand la double sagesse des institutions et du gouvernement a assuré à un pays la paix au dedans et au dehors, et préparé la voie à tous les progrès en garantissant l'avenir, on peut s'attendre à voir la situation de ce pays s'améliorer de jour en jour, et tous les germes de prospérité qu'il renferme se développer successivement.

La seule limite à l'accomplissement de cette loi du progrès est dans la mesure même des ressources dont ce pays dispose. La rapidité ou la lenteur de l'œuvre dépend de la fécondité de son sol, de la valeur de ses produits, de la vigueur et du nombre des bras qui le cultivent, des facilités de communication qui existent entre les diverses parties du territoire et entre le pays même et le reste du monde, enfin du degré de civilisation générale auquel ce pays est parvenu.

Or, jusqu'à ces dernières années, l'élément humain, au Brésil, semblait avoir pris à tâche de contrarier l'action de l'élément providentiel, et, si abondantes, si magnifiques que fussent ses richesses naturelles, sa marche progressive était arrêtée par d'insurmontables obstacles. On eût dit que la main des hommes s'ingéniait d'une façon sacrilége à stériliser les bienfaits de Dieu.

Les métropoles, même les plus éclairées, ont eu pour système, dans le passé du moins, de sacrifier leurs colonies à une sorte d'égoïsme féroce. Plus la colonie était grande et riche, plus la métropole s'attachait à la charger de chaînes pour la pressurer comme une proie. Toutes les lois que le Portugal a appliquées au Brésil pendant trois siècles n'ont eu qu'un but d'exploitation effrontée, et le moyen à l'usage de cette politique avide, c'était de tenir ombrageusement la population de la colonie en dehors de tout contact avec la civilisation générale. Quand le régent de Portugal, depuis le roi Jean VI, vint établir au Brésil le siége de son gouvernement, c'est à peine s'il y avait à Rio Janeiro un collége, et les enfants des colons qui se destinaient soit à la magistrature, soit au barreau, soit à la médecine, étaient obligés d'aller prendre leurs degrés à l'université de Coïmbre. Tous les fonctionnaires de quelque importance étaient fournis par la métropole. Non-seulement l'interdiction de séjour était prononcée contre les étrangers, mais l'industrie elle-même était traitée en étrangère et proscrite impitoyablement. De telle sorte que les misérables habitants de l'intérieur ne pouvaient fabriquer eux-mêmes les pauvres cotonnades dont ils s'habillaient et qui devaient leur être exclusivement fournies par l'entrepôt de Lisbonne. Il y a eu des guerres civiles, des massacres d'hommes qui ont eu pour cause unique cette abominable prétention du gouvernement!

Tout était donc à faire quand le joug de la métropole eut été secoué, et l'effort même de la séparation ajoutait aux maux du passé des plaies nouvelles. Non-seulement la proclamation de l'Indépendance amenait la guerre, mais encore, par une conséquence étrange et singulièrement inique, la paix ne se fit, entre le Portugal et le Brésil, qu'à cette condition que le Brésil supporterait une portion de la dette contractée par le Portugal : c'est, comme je l'ai dit ailleurs, l'arbitrage de l'Angleterre créancière du Portugal qui imagina cette solution, se fondant sans doute sur la pratique usitée en Europe du partage des dettes entre les États qui se séparent, mais se gardant bien de se souvenir que cette règle était sans application légitime à l'égard de colonies subordonnées qui arrachent leur indépendance à la métropole, et qu'on s'était parfaitement abstenu de l'invoquer contre les colonies espagnoles.

Ainsi, à ses débuts, le nouvel Empire fut grevé d'un passif d'un million sterling qu'il n'avait pas touché : il n'avait pas de finances et il avait des dettes, il n'avait pas encore de trésor et il avait des créanciers.

C'était mal commencer, d'autant plus mal, que sous le gouvernement de don Pedro Ier et au milieu des embarras qui le pressaient de toutes parts, on fit plus d'une école financière. Le caractère à la fois insouciant et absolu de l'Empereur s'accommodait mal des règles d'une étroite et fiscale comptabilité, et d'ailleurs l'esprit de gaspillage et de rapine, soufflé de la métropole, avait encore autour du pouvoir des représentants en chair et en os. Bref, le Brésil s'endettait, et chaque jour le chiffre de ses emprunts au dedans et au dehors grossissait à vue d'œil : le papier-monnaie, inondant les places de commerce, s'était peu à peu substitué aux monnaies d'or et d'argent.

Et cependant, quelque lourdes qu'aient été ses charges financières, le Brésil les a loyalement supportées, et toutes les obligations contractées par lui ont été scrupuleusement remplies. Depuis trente ans qu'il est en compte avec les capitalistes d'Europe, le payement de ses échéances n'a pas été retardé d'un jour, pas d'une heure.

Aussi la récompense de cette probité à toute épreuve ne s'est pas fait attendre. A l'heure qu'il est, quand la guerre a fait fléchir les effets publics sur toutes les places, les fonds brésiliens se maintiennent au-dessus du pair sur le marché de Londres, et l'opinion que les banquiers se sont faite de leur solidité est tellement bien assise, qu'ils sollicitent comme une faveur le renouvellement de leurs titres aux époques fixées pour le remboursement du capital, et que les coupons du Brésil sont considérés à Londres non comme un fonds de spéculation, mais comme un fonds de placement.

Le capital de la dette extérieure du Brésil s'atténue chaque année par l'effet de l'amortissement : au

7 mars 1853, le montant total de cette dette était de L. 6,024,000; au 1ᵉʳ décembre de la même année, ce chiffre était réduit à L. 5,871,700, il n'était plus au 31 décembre 1854 que de L, 5,824,200. Cette dette résulte d'emprunts de diverses origines contractés à raison de 5 % d'intérêt. Le plus récent de ces emprunts est à 4 1/2 : malgré la dépression qu'exerce la guerre sur les fonds publics, il se cote à la bourse de Londres de 94 à 96.

Le capital de la dette intérieure, sur lequel l'amortissement n'agit pas, est d'environ 183 millions de francs, au change rond de 3,000 fr. par contos de reis : l'intérêt est de 6, 5 et 4 % suivant l'époque où la dette a été contractée.

Pour compléter le passif du trésor brésilien, il faut mentionner une dette sans intérêts, le chiffre de ses émissions en papier-monnaie, qu'on évalue à environ 135 millions de francs. Cette valeur de convention est parfaitement acceptée, à son taux nominal, dans toutes les parties de l'Empire, et les variations qu'elle subit dans les transactions où le commerce européen est intéressé n'ont d'autre cause que les fluctuations du change, qui s'élève ou s'abaisse selon que le Brésil a plus ou moins à payer à l'Europe. J'ajoute que le gouvernement a pris des mesures efficaces pour retirer peu à peu ce papier de la circulation, et qu'en retour du privilége qui lui a été concédé, la nouvelle banque du Brésil s'est chargée d'opérer à la longue ce retrait à des conditions avantageuses pour l'État.

La confiance que le Brésil inspire à ses créanciers, et qui se manifeste par le cours élevé de ses titres soit à Londres, soit au Brésil même, repose sur des bases solides : d'abord la loyauté du gouvernement impérial et sa ponctuelle exactitude dans le payement des intérêts, voilà pour le passé; quant à l'avenir, il offre aux créanciers les garanties les plus certaines dans le prodigieux développement de la prospérité de l'Empire, qui se manifeste surtout par l'accroissement successif et rapide des recettes.

L'ouvrage de M. le comte de Strotten Ponthos, *le Budget du Brésil*, donne, avec les plus minutieux détails, les chiffres des dépenses et des recettes pour l'exercice 1846-47 (l'année financière du Brésil commence au 1er juillet). La dépense pour cet exercice est fixée, en monnaie brésilienne, à 24,116 contos 835,939 reis, ce qui, au change de 333 1/3 (3 fr. par mille reis), fait la somme de 72,350,507 fr. 81 c. : la recette est évaluée à 25 mille contos, soit, au même change, à 75 millions de fr.[1].

Le livre de M. de Ponthos a été publié en 1854. Irréprochable dans ses intentions, conçu sur un plan ingénieux et sensé, plein de documents et de chiffres

---

[1] Les chiffres de M. de Ponthos diffèrent légèrement des miens, parce qu'il prend pour base de ses calculs de conversion le change de 340 reis pour le franc.

officiels, il avait l'irrémissible tort d'arriver beaucoup trop lentement au jour de la publicité. Pendant que l'honorable écrivain groupait à loisir les chiffres qu'il avait recueillis, pendant qu'il méditait longuement et consciencieusement sur les observations, les griefs, les conseils qu'il voulait présenter, enfin pendant qu'il faisait imprimer ses trois gros et beaux volumes, le temps avait marché : le Brésil, de 1846 à 1854, avait fait des pas de géant, et il se trouvait que ces chiffres, parfaitement authentiques d'ailleurs, n'avaient plus rien d'exact, et que la situation actuelle donnait, sur beaucoup de points, un démenti éclatant à ses critiques devenues surannées. C'est là ce qui explique l'impression fâcheuse que le livre de M. de Ponthos a causée au Brésil et les vives réclamations qu'il a soulevées. Évidemment les documents et les chiffres de M. de Ponthos n'avaient plus la valeur qu'il leur attribuait, et à ce tort involontaire du livre, il faut ajouter quelques erreurs d'un esprit réfléchi, profond, mais roide et systématique, qui ne raisonne que d'après un fonds d'idées préconçues, et qui s'inspire trop, à mon avis, d'un sentiment d'absolutisme propre à l'école catholique. Mais, je le répète volontiers, bien que le livre vive trop dans le passé et qu'il censure souvent à faux, aucune pensée de dénigrement et de malveillance n'anime l'écrivain, qui désire ardemment, comme tous ceux qui ont vu le Brésil, la prospérité de l'Em-

CHAPITRE TROISIÈME.

pire, et qui croit fermement à ses grandes destinées.

Je reviens aux chiffres donnés par M. de Ponthos. A cette époque de 1846-47, où le budget, déjà en parfait équilibre, balançait ses dépenses et ses recettes, le Brésil sortait à peine de ces temps d'agitation qui avaient paralysé son développement. Depuis lors les choses ont bien changé de face, et tous les budgets qui se sont succédé ont accru leurs chiffres dans une progression constante, sauf un léger temps d'arrêt à peine senti dans ces deux dernières années, à raison du contre-coup que le grand conflit survenu en Europe a fait éprouver à tout le monde commercial.

Voici la nomenclature des budgets des recettes, depuis ce budget de 1846-47, dont s'occupe le livre de M. de Ponthos. Je donne les chiffres officiels en monnaie brésilienne, et par contos de reis, pour ne pas hérisser ce travail de chiffres de conversion. Les lecteurs savent que chaque contos ou million de reis vaut trois mille francs de notre monnaie.

Le chiffre total des recettes du trésor public a été
pour l'année 1847-48 de 24,732 contos de reis.
» 1848-49 » 26,156 »
» 1849-50 » 28,000 »
» 1850-51 » 31,532 »
» 1851-52 » 35,809 »
» 1852-53 » 36,394 »
» 1853-54 » 34,348 »

Les documents que j'ai sous les yeux, publiés au mois de mai dernier, donnent, d'après les résultats connus, les recettes probables du budget de 1854-55, alors en voie d'exercice, et qui étaient évaluées au chiffre de 34,473 contos. Quant aux recettes de 1855-56 et de 1856-57, elles sont portées aux budjets votés dans l'avant-dernière et la dernière session à 34,000 contos de reis. On peut pleinement se fier à ces évaluations et les tenir même pour notablement inférieures au chiffre définitif des recettes, car les ministres des finances du Brésil ont pour louable habitude de n'enfler ni leurs espérances ni leurs chiffres, et c'est une réserve habile, de bon goût, qui ajourne tout au plus les satisfactions d'amour-propre, puisque depuis près de dix ans il n'est pas un exercice qui n'ait été réglé avec un excédant considérable de recettes. Qu'il me soit permis d'ajouter qu'il n'est pas possible d'apporter dans les comptes rendus des finances un plus bel ordre, un soin plus minutieux, plus de clarté, plus de loyale franchise; et tout cela se fait au Brésil presque sans bureaucratie; car c'est une des bonnes fortunes de l'Empire de très-peu connaître cette plaie des pays centralisés à l'excès et des civilisations trop mûres.

Je n'insisterai pas sur les conséquences qui résultent du rapprochement à faire entre le budget duquel argumente M. de Ponthos et les budgets dont on vient de voir les chiffres. Il est clair que la situation a été rapidement transformée, et l'honorable écrivain, dont le bon sens prévoyait une amélioration financière, ne la croyait certes pas aussi rapide et aussi considérable. S'il eût pensé qu'à six ans de distance, de 1846 à 1852, son budget de 24 mille contos devait dépasser 36 mille contos, sans impôts nouveaux, sans artifices de trésorerie, il n'eût pas pris la peine de raisonner sur des chiffres près de s'évanouir; il n'eût pas écrit son livre. Il est vrai que le budget de 1852-53 n'a pas été dépassé. Mais ce n'est pas à une cause qui lui soit propre que le Brésil attribue ce temps d'arrêt, que son gouvernement avait prévu; car à l'ouverture de la session de 1854, l'Empereur avait annoncé dans son discours d'ouverture qu'il fallait s'attendre à une diminution dans les recettes, par suite du conflit qui avait éclaté entre les principales puissances d'Europe. L'Europe est troublée et la marche progressive du Brésil s'en ressent; c'est la force des choses : le Brésil a besoin de l'Europe, comme l'Europe a besoin du Brésil; les transactions commerciales profitent à la fois à l'une et à l'autre. Or, avec la guerre, ces transactions se resserrent, le crédit devient moins facile, les armements maritimes deviennent moins aventureux et plus rares, les services publics absorbant une bonne partie des capitaux et des instruments de navigation. Et puis, on a beau prendre ses précautions et ses garanties, quand on consomme beaucoup de poudre et de plomb de guerre, on consomme toujours un peu moins de sucre, de café, de coton, de bois d'ébénisterie et de teinture, et on vend en échange un peu moins de vins, d'étoffes, de dentelles, de beaux meubles, de magnifiques inutilités consacrées par la mode. Il est très-vrai que la guerre actuelle est faite dans des conditions de sécurité qu'on n'a jamais vues, puisque les puissances commerciales demeurent maîtresses absolues de la mer; aussi l'effet qu'on a ressenti au Brésil n'est-il qu'un effet restreint, un temps d'arrêt, comme je l'ai dit, qui a tout d'abord atteint sa limite d'influence, et qui ne doit pas la dépasser. C'est ainsi que le ministre des finances du Brésil a jugé la situation dans son exposé des motifs du budget. Il affirme que la guerre européenne a produit tout l'effet fâcheux qu'elle devait exercer sur les revenus du Brésil, qui demeureront désormais stationnaires jusqu'au moment où la paix rétablie leur rendra leur mouvement ascensionnel.

Un autre motif a aussi influé, à un degré beaucoup moindre, sur la réduction du revenu public; celui-là est propre au Brésil, il est du fait de son gouvernement. Je ne le lui reproche pas, au contraire, je l'en loue; car c'est l'application intelligente de la règle économique la plus féconde. Un décret du 23 mars 1853 a réduit de 2 %, les droits d'exportation. Les revenus du Consulat [1] ont dû tout d'abord se ressentir de cette réduction; mais ce n'est là qu'un effet passager, et qui ne détournera pas le gouvernement brésilien de la voie qui tend à chercher l'accroissement des recettes non dans l'élévation des tarifs, mais dans l'augmentation des débouchés.

Les revenus des douanes sont la principale des ressources de l'Empire, et l'étude la plus instructive à faire est celle qui concerne le mouvement de cet impôt dans ces dernières années. Parmi les nombreux documents que le ministre des finances a annexés à son dernier budget, il en est un qui, sous ce rapport, offre les renseignements les plus significatifs et les plus curieux; c'est un tableau comparatif des produits des diverses branches du revenu public pendant dix-huit années, depuis le 1er juillet 1836 jusqu'au 30 juin 1854. Or voici, en ce qui concerne les produits des droits d'importation, quels sont les résultats que présente ce tableau. Dans la première de ces dix-huit années (1836-1837) les taxes de douanes ont produit 7,826 contos de reis; dans la dernière année (1853-1854), elles ont produit 23,521 contos. En divisant les dix-huit années

[1] C'est le nom qu'on donne à l'administration financière chargée de percevoir les droits de sortie très-légers que le Brésil impose à ses propres produits.

en six périodes triennales, on arrive aux résultats moyens qui suivent :

1ʳᵉ période.	8,341	contos.
2ᵉ —	11,694	—
3ᵉ —	12,826	—
4ᵉ —	15,522	—
5ᵉ —	17,787	—
6ᵉ —	24,373	—

En somme, le chiffre de l'importation a TRIPLÉ en dix-huit ans, et l'augmentation moyenne annuelle a été de dix et sept dixièmes pour cent.

Je remarque encore dans ce tableau que presque toutes les branches du revenu public ont éprouvé un accroissement notable durant cette période : je mentionne seulement les droits d'exportation, qui ont presque doublé de produit, et dont la moyenne d'augmentation annuelle a été de 4,35 %. Je cite encore certains revenus particuliers à la ville de Rio, qui est placée, comme capitale, sous l'administration directe du gouvernement, et dont les ressources ont presque quadruplés par un accroissement annuel dont la moyenne est de 12,96 %. Les revenus dont je parle, qui étaient en 1834 de 945,000 francs environ, s'élevaient, en 1854, à plus de trois millions et demi de francs.

Qu'on ne perde pas de vue que les recettes dont

je m'occupe et les chiffres que j'indique constituent seulement les revenus généraux de l'État; mais le Brésil a d'autres ressources, en dehors du budget de l'Empire, il y a le budget des provinces, qui ont leur administration et leurs finances particulières. De ces budgets provinciaux, je n'ai sous les yeux que celui de la province de Rio Janeiro, la province et non la ville, laquelle, ainsi que je viens de le dire, est administrée par le gouvernement, qui perçoit ses recettes et pourvoit à ses dépenses. De ce document il résulte que la province de Rio Janeiro évalue pour l'exercice prochain ses recettes à la somme de 5,537,028 francs.

En 1847-1848, d'après les documents fournis par le livre de M. de Ponthos, le chiffre des revenus de cette province s'élevait seulement à 3,144,000 fr., c'est-à-dire que, même en rectifiant la diversité des changes, le chiffre de l'accroissement du revenu s'est augmenté, en huit années, de plus des deux cinquièmes, de 2 millions 300 mille francs, en nombres ronds.

Voilà certes des progrès réels et assez marquants pour permettre d'en espérer d'autres plus notables encore.

Je n'ai pas les chiffres des autres budgets provinciaux, mais de tous les documents que j'ai étudiés il résulte que partout la même progression dans les recettes se fait sentir, et que cet accroissement de ressources donne une impulsion féconde aux travaux d'utilité publique.

Il est vrai que les autres budgets provinciaux n'atteignent pas les chiffres du budget de la province de Rio Janeiro; placée dans la sphère d'action de la capitale, dont le mouvement commercial est immense, cette province est la plus riche de toutes, et il en est, parmi les plus pauvres, qui n'arrivent pas au dixième de son revenu; mais il en est qui dépassent trois ou quatre millions, et je citerai, dans le nombre, les budgets de Bahia, de Pernambuco, de Minas Geraës, de São-Paulo et de São-Pedro.

La principale source des recettes dans le budget de l'État comme dans le budget des provinces, c'est l'impôt indirect, atteignant les objets de consommation, soit à l'entrée, soit à la sortie, soit dans la circulation à l'intérieur. Un des mérites de cet impôt, quand il est modéré et bien assis, c'est que le chiffre de ses produits grossit en raison du mouvement des affaires, et qu'il donne la mesure de la prospérité commerciale. Ainsi il est fort curieux de remarquer, dans le budget de la province de Rio, qu'en 1847-48, le droit sur la sortie des cafés, à 5 %, a produit 1,764,000 fr., tandis que pour 1856-57 la même taxe, *réduite à 4 %*, est évaluée à 3,240,000 fr. Le revenu a presque doublé en huit ans, bien que la taxe ait été diminuée d'un cinquième.

Les faits, à mon avis, ont plus de puissance que

les théories, et je tiens déjà pour un excellent impôt celui qui, frappant les transactions du commerce, permet à ces transactions de se développer à l'aise, et les gêne en somme si peu, que leur chiffre se double en huit années. D'un autre côté et de prime abord, j'avoue mon faible pour les impôts indirects, pourvu qu'ils soient très-légers, par cette raison très-connue et toujours bonne, qu'ils ne sont pas sentis par ceux qui les payent, et qu'ils se confondent en définitive avec le prix des objets de consommation.

Mais, en dehors de ces motifs économiques, il m'avait paru jusqu'ici que c'était surtout dans un intérêt de conservation politique qu'il fallait faire des impôts indirects la principale base du revenu d'un État bien ordonné, et je n'ai pas été médiocrement surpris en voyant M. de Ponthos soutenir une thèse toute contraire, et affirmer avec une insistance désespérée que le gouvernement du Brésil ne fonderait solidement son assiette monarchique que lorsqu'il aurait créé et fait fonctionner sur toute l'étendue de son vaste territoire l'impôt sur la terre, l'impôt foncier. L'avenir de la monarchie serait à ce prix.

Chose étrange! ce qu'un esprit fort éclairé, dévoué aux idées d'autorité et de liberté pratique, demande dans un intérêt de stabilité monarchique, tous les niveleurs démagogues, depuis soixante ans, tous ceux qui ne veulent ni monarchie, ni ordre, ni autorité, ni liberté, ni société, le demandent également dans un intérêt de révolution et de bouleversement social !

Depuis Babeuf et Buonarotti, le mot d'ordre des sectes communistes a été l'abolition de l'impôt indirect, toutes les dépenses de l'État devant être uniquement supportées par les propriétaires du sol. Cela se comprend merveilleusement bien, c'est là un procédé sûr et court pour arriver à la suppression de la propriété.

Et cette théorie a eu sa période d'action. En France, en Espagne, quand les assemblées souveraines ont été envahies par de prétendus amis du peuple et de la République sociale, on s'est mis à l'œuvre et on a fait main basse sur les taxes indirectes. En France, où les folies sont de courte durée, on s'est arrêté, grâce à un bras puissant, sur le bord de l'abîme. L'Espagne se débat encore au milieu de ces réformes insensées, qui ont mis à sec ses coffres, hélas ! déjà si minés; mais si elle ne prend pas enfin son parti, si elle continue à négliger ses vraies ressources, en gaspillant pour ses besoins temporaires son capital de garantie, ses domaines nationaux, elle ira droit à la banqueroute. Qu'elle se hâte : il n'est que temps.

J'ai touché là à une thèse générale : mais je reconnais volontiers que, dans la pensée de l'honorable écrivain auquel je réponds, il n'y a pas cette exagération de haine pour l'impôt indirect, et il y a moins encore, cela va sans dire, ce culte pervers de l'impôt foncier considéré comme instrument de dissolution sociale. L'impôt foncier, selon M. de Ponthos, est une nécessité monarchique. C'est une affirmation très-contestable. L'Angleterre, puissante et solide monarchie, s'est longtemps passée de cet impôt, et même aujourd'hui sa taxe du revenu n'est acceptée que comme une charge temporaire qui doit prendre fin en 1860. Je ne pense pas que la France, si l'état de ses finances permettait qu'on dégrévât la propriété, s'en trouvât plus mal, et elle s'est si fort applaudie d'un premier allégement opéré, en 1850, par le prince président, qu'un pas nouveau dans cette voie, au jour où il pourrait se faire, serait, j'en suis sûr, accueilli avec une enthousiaste reconnaissance.

L'impôt foncier, dans les monarchies européennes, remplit ce mandat économique de pourvoir à une nécessité financière en cas d'insuffisance des taxes indirectes. Voilà son but, et l'expérience a appris que cet impôt doit être ménagé comme une ressource qu'il faut tenir en réserve pour les circonstances exceptionnelles. Quant à l'utilité politique de l'impôt foncier, elle n'existe que dans ces monarchies qui, à l'instar de la France des deux derniers règnes, font du cens un privilége électoral. Or, nous avons vu que telle n'était pas l'organisation constitutionnelle du Brésil, et Dieu le garde d'arriver, par quelque voie et dans quelque but que ce soit, à faire de l'électorat un privilége !

Du reste, il y a, sur ce point, une question de fait qui domine le débat. Avant de songer à imposer la terre, il faut s'occuper de la peupler, de la cultiver. Pour avoir des contribuables, il faut tout d'abord avoir des colons : pour frapper la terre, il faut tout au moins qu'elle produise. Or, le Brésil, en ce moment, doit s'absorber exclusivement dans cette grande tâche de peupler et de féconder son territoire. Faire entrevoir même en perspective une taxe à ces populations dont on appelle le concours, leur annoncer à l'avance qu'elles auront tout à la fois à se débattre contre la terre et contre le fisc, c'est prendre la voie la plus sûre pour faire échouer la colonisation. Cela saute aux yeux. Si ailleurs l'impôt foncier est d'une utilité douteuse, au Brésil, dans les conditions actuelles, il serait fatal : il obstruerait les voies de l'avenir.

Une dernière réflexion. L'Amérique du Nord n'a pas de taxe foncière, et certains esprits sont tentés d'induire de ce fait que la taxe foncière est essentiellement monarchique, et qu'on va droit à la République quand on demande presque exclusivement à l'impôt indirect les ressources nécessaires aux dépenses de l'État. Rien n'est plus faux. Le système fiscal américain, repoussé péremptoirement par nos novateurs d'Europe, a, beaucoup plus que les institutions politiques, réussi à consolider au milieu de ce peuple peu scrupuleux le droit sacré de propriété, que la taxe foncière aurait frappé d'une perpétuelle menace; il a contenu, autant que possible, le développement de l'esprit démagogique, qui ne respecte rien; il lui a servi de contre-poids. C'est là ce qui explique pourquoi nos révolutionnaires socialistes se sont frayé d'autres routes. Or, si on veut que l'idée monarchique implantée au Brésil s'y assoie sur d'inébranlables bases, il faut qu'indépendamment de l'ordre et de la sécurité qu'elle donne, elle n'entraîne pas des charges et des périls sociaux dont la République serait exempte. L'avenir du Brésil est engagé dans ces questions, et il ne faut pas perdre de vue que l'Empire sud-américain a aussi à influer par la propagande du bon exemple sur ces Républiques hispano-américaines qui ne paraissent pas bien sûres d'avoir encore trouvé leur voie.

Laissons de côté ce débat, au moins prématuré, où je ne suis sommairement entré que sur les pas de M. de Ponthos, dont l'impôt foncier est l'idée fixe. Voyons, le revenu étant donné, si le Brésil fait de ses ressources un intelligent et fécond usage. Bien qu'elles grossissent à vue d'œil, les recettes de l'Empire sud-américain sont encore nécessairement fort bornées. Un peu plus de 100 millions de francs, d'une part (budget général), et peut-être 25 ou 30 millions, d'autre part (budgets provinciaux), voilà les moyens qui lui sont donnés pour entourer de l'éclat nécessaire sa monarchie, et pour faire face à tous les besoins publics de l'État et des provinces[1]. Si on ne tient compte que de la population, qui atteint à peine 8 millions d'âmes, dont un tiers d'esclaves, ces moyens sont, à la rigueur, suffisants; mais si on considère l'étendue du territoire brésilien, presque grand comme l'Europe, et qui, défriché et cultivé, ferait vivre à l'aise 150 millions d'habitants, on voit qu'il est difficile d'aller loin avec des ressources aussi restreintes.

Le premier devoir d'un gouvernement bien ordonné, c'est de vivre, c'est de faire honneur à ses engagements, c'est de limiter sa dépense de manière à ne pas faire de dettes. Le gouvernement du Brésil s'est imposé cette règle : il ne dépense pas au delà de son revenu. Cette conduite, qu'il suit depuis plusieurs années avec une persévérance exemplaire, a fondé son crédit. Puissance financière d'un ordre secondaire, le Brésil s'est acquis dans le monde des prêteurs un crédit de premier ordre. Ses titres sont au niveau des meilleurs effets publics, et il trouverait d'autant plus aisément de l'argent, qu'il en de-

---

[1] Il faut mentionner aussi les recettes municipales, qui doivent avoir une certaine importance, mais les éléments me manquent pour en donner même une évaluation approximative.

mande moins. On verra tout à l'heure, quand je parlerai des chemins de fer dont la construction se prépare, que cette bonne renommée du Brésil porte déjà ses fruits.

Remplir ses engagements, c'est le premier devoir des gouvernements comme des particuliers; mais ce n'est pas tout : grande ou médiocre, il faut qu'un État sache faire bon emploi de sa fortune, et quand il a à se décider entre plusieurs genres de dépenses, il faut qu'il discerne celles qui ont la plus immédiate utilité, celles qui ont un caractère de nécessité gouvernementale, celles enfin qui sont le plus évidemment productives.

A ces points de vue, le budget du Brésil est combiné avec une sagacité qui fait honneur au gouvernement qui le prépare et aux Chambres qui le discutent et le votent.

Ce qui a été dit de la Constitution et de la décentralisation provinciale qu'elle consacre a déjà fait comprendre que le budget général est déchargé d'une portion notable des dépenses qui, dans les États centralisés, pèsent sur le trésor public. Ainsi tout ce qui concerne l'instruction primaire (générale et gratuite, aux termes de la Constitution), les travaux publics, les établissements charitables, l'indemnité aux députés provinciaux, les dépenses de secrétairerie des présidences, certains frais de perception et de recouvrement des impôts, ainsi qu'une partie considérable des frais de culte et de police, demeure à la charge des provinces, qui discutent et votent ces dépenses dans leurs assemblées annuelles, et qui les payent sur leurs ressources particulières. Le gouvernement n'intervient dans quelques-unes de ces dépenses qu'à titre de subvention.

Les recettes générales de l'État ne font face qu'aux dépenses générales, comme la dotation de la couronne, les allocations aux membres des deux Chambres, au Conseil d'État, au Corps diplomatique, aux membres du Corps judiciaire; les frais généraux de culte et de police; les frais d'entretien de l'armée et de la flotte; les frais de perception des impôts généraux; les intérêts et l'amortissement de la dette publique.

Ces dépenses nécessaires sont réglées dans un esprit de sévère économie, mieux approprié peut-être aux ressources limitées du Brésil qu'à l'éclat que semblent exiger certaines fonctions [1]; mais le patriotisme brésilien ne réclame pas, et la carrière publique est fort recherchée, bien que l'activité

---

[1] Une loi du 7 août 1852 a augmenté dans des proportions convenables le traitement des fonctions les plus élevées. Ainsi, le traitement des ministres a été porté de 21,600 fr. à 36,000; celui des conseillers d'État, de 7,200 à 12,000; celui des magistrats de la Cour suprême, de 12,000 à 18,000; celui des conseillers de Cour d'appel, de 9,000 fr. à 12,000. Une augmentation proportionnelle a été accordée aux magistrats inférieurs.

commerciale de Rio, de Bahia, de Pernambuco, et même des grands centres de production de l'intérieur, ouvre au travail intelligent les plus riches perspectives.

La liste civile a été établie par une loi du 28 août 1840. La dotation de l'Empereur est fixée à 800 contos de reis (2,400,000 fr.); la dotation de l'Impératrice est de 96 contos (288,000 fr.) Les princes et princesses de la maison impériale reçoivent également soit des dotations, soit des pensions alimentaires, et le budget fait face aux frais d'éducation des princesses mineures filles de l'Empereur. Ces allocations diverses, en y joignant le douaire de S. M. l'Impératrice veuve de don Pedro Ier, portent le chiffre total de la liste civile à la somme de 1,083 contos de reis, soit 3,249,000 fr.

Ce chiffre est modeste; mais, à l'honneur du jeune Empereur, on doit dire qu'il lui suffit non-seulement pour soutenir l'éclat de son trône, mais encore pour faire bénir son nom et le nom de l'Impératrice par une inépuisable bienfaisance.

Le ministère de l'Empire (intérieur), qui renferme les chapitres relatifs à la liste civile, aux deux Chambres, au Conseil d'État, comprend en outre toutes les dépenses qui concernent l'enseignement supérieur des facultés et l'enseignement secondaire, les institutions littéraires et scientifiques, l'Académie des beaux-arts, l'hygiène et la santé publiques, enfin l'administration des postes, l'administration des terres publiques et les dépenses particulières à la capitale. Ce département ministériel prend, dans le budget voté cette année pour l'exercice 1856-57, la somme de 15,937,617 francs. Dans le budget de 1846-47, sur lequel raisonne M. de Ponthos, le chiffre total des allocations du ministère de l'Empire ne s'élève qu'à 8,828,970 fr.

Les allocations du ministère de la justice, qui comprend les cultes, la police, la garde nationale, sont portées, dans le nouveau budget, au chiffre de 9,007,417 fr. Le budget de 1846-47 n'allouait à ce ministère que la somme de 4,723,115 fr.

Les allocations du ministère des affaires étrangères s'élèvent, dans le budget nouveau, à 1,766,160 fr. Ici la dépense a moins varié, et le budget de 1846-47 alloue 1,649,220 fr.

Pour le ministère de la marine, la différence est considérable : le chiffre du budget voté cette année est de 13,611,849 fr. Celui du budget de 1846-47 était seulement de 10,336,189 fr.

Le chiffre des dépenses du ministère de la guerre s'est accru dans des proportions encore plus fortes. Voici, en regard l'un de l'autre, les deux budgets : budget de 1846-47, 17,409,925 fr.; budget de 1856-57, 26,079,052 fr.

Enfin les dépenses du ministère des finances s'élèvent, dans le budget actuel, à la somme de

34,954,048 fr.; elles n'étaient, dans le budget de M. de Ponthos, que de 29,403,687 fr.

Je ne signalerai pas, en détail, les causes des augmentations considérables qu'on remarque dans les allocations du plus récent budget et qui s'élèvent en totalité au chiffre de plus de 29 millions. Il me suffira de dire que cet accroissement d'allocations, qui s'est opéré graduellement, au fur et à mesure de l'accroissement du revenu public, a eu pour but et pour effet d'améliorer non-seulement la situation des fonctionnaires de toutes les classes, mais encore la plupart des services publics trop maigrement dotés, et de créer de nouveaux services d'une utilité incontestable. Ainsi une somme de 1,700,000 francs a été allouée à la nouvelle administration des terres publiques, qui est appelée par ses travaux à donner l'impulsion à l'œuvre capitale de la colonisation de l'Empire : ainsi encore, les travaux publics généraux, qui ne figurent au budget de 1846-47 que pour une somme de 336,000 fr., participent au budget nouveau pour 1,200,000 fr. Ce n'est encore qu'une œuvre à l'état d'embryon, et qui recevra du temps des développements considérables, car il y a bon nombre de travaux à effectuer, qui ont un caractère d'utilité générale et qu'on ne peut abandonner à l'action trop spéciale et aux ressources trop restreintes des provinces. Enfin je citerai le chapitre des arsenaux militaires et des approvisionnements de guerre, dont le chiffre s'est élevé de 1,500,000 fr. à plus de 4 millions et demi.

Avec les ressources qu'on vient d'indiquer, le Brésil a sur pied la meilleure armée et la meilleure flotte de toute l'Amérique méridionale et centrale. Cette armée n'est pas nombreuse; elle s'élève à vingt mille hommes environ, sans parler de la garde nationale, qui est régulièrement organisée et qu'on mobilise facilement en cas de besoin. Mais si le chiffre de l'armée est restreint, elle est bien tenue, bien soignée, bien disciplinée; on ne connaît pas au Brésil ces cadres monstrueux de généraux et de colonels innombrables qui dévorent le budget des Républiques hispano-américaines et ne laissent pas une piastre disponible pour payer des soldats. L'état-major général du Brésil se réduit à quatre lieutenants généraux, huit maréchaux de camp, seize brigadiers généraux, les officiers supérieurs et inférieurs en proportion. Bien commandée par des chefs qu'elle connaît, l'armée est pleinement dévouée au trône et aux institutions, et on a fait, à son grand honneur, cette curieuse remarque, qu'au milieu des séditions et des révoltes qui ont désolé le Brésil pendant vingt années, la fidélité des troupes n'a pas été une seule fois, un seul instant, ébranlée : en face des partis, elles se sont toujours ralliées sous le drapeau impérial.

La flotte du Brésil se divise en navires à voiles et en navires à vapeur. D'après le dernier rapport du ministre de la marine, elle est ainsi composée : *navires à voiles,* 2 frégates, 7 corvettes à batterie découverte, 8 bricks-barques et bricks, 17 bricks-goëlettes, goëlettes, pataches, canonnières et yachts; *navires à vapeur,* 1 vapeur de 300 chevaux, 2 de 220, 2 de 150, 4 de 130, 1 de 90, 2 de 70, 1 de 40, 2 de 25.

Pour atteindre au cadre normal fixé par décret du 26 janvier 1850, il manque à la flotte à voiles 2 corvettes à batterie couverte, 1 corvette de second ordre, 4 bricks et bricks-barques, et dans la catégorie des navires à vapeur, 3 frégates de 300 chevaux, 4 corvettes de 220 et 2 vapeurs de dernière classe. Elle a, en dehors du cadre normal, 2 petits navires à voiles, 2 vapeurs de troisième ordre, 1 de 90 chevaux, 2 de 25.

La transformation du vieux matériel entraîne nécessairement quelques lenteurs, mais l'impulsion est donnée et le cadre normal ne tardera pas à être atteint. Le résultat obtenu est déjà notable : le Brésil, qui n'avait il y a six ans que trois petits bateaux à vapeur, met en ligne aujourd'hui seize navires armés de ce puissant moteur et possédant une force de 2,000 chevaux. L'Angleterre a fourni une partie du nouveau matériel et les arsenaux de l'Empire ont déjà commencé à le compléter, sous la direction d'ingénieurs brésiliens.

Tout est relatif dans les choses humaines, et l'effort

est ridicule quand il se grossit au delà des proportions de l'obstacle. Avec ses 20 mille hommes de troupes régulières et ses cinquante navires de guerre, à vapeur et à voiles, le Brésil est en mesure de faire face à toutes les éventualités du dehors. Je ne parle pas des chances d'une guerre avec l'Angleterre, la France, ou même les États-Unis, guerre qui serait un non-sens, puisqu'il ne saurait y avoir entre les grandes puissances maritimes et le Brésil aucun intérêt sérieux et contraire à débattre, par conséquent aucune cause plausible de conflit, et puisque le commerce, ce lien irréfragable des peuples, multiplie chaque jour les relations et les échanges entre les grands centres industriels du Nord et les riches et fécondes contrées de l'Amérique du Sud. Mais l'Empire brésilien a des voisins inquiets, remuants, qui ont été plus d'une fois tentés de porter hors de leurs frontières l'agitation qui est chez eux en permanence. Les forces respectables dont le Brésil dispose, outre qu'elles sont une garantie de sécurité intérieure, doivent avoir pour effet de contenir ces effervescences et d'imposer aux Républiques hispano-américaines le respect des droits de l'Empire. Des exemples récents ont prouvé que, si désireux qu'il soit de garder la paix, le Brésil sait au besoin témoigner de sa force, qu'il sait faire la guerre et qu'il la fait bien. Le cadre restreint de cet écrit ne me permet pas d'entrer dans le détail de la guerre contre Rosas, guerre aussi habilement conduite qu'ont été heureusement dirigées les négociations qui ont enlacé à l'avance le dictateur argentin dans un réseau d'ennemis, en coalisant contre lui l'Uruguay, le Paraguay et les Argentins eux-mêmes ralliés sous le drapeau d'Urquiza.

Mais la politique du Brésil est essentiellement pacifique et commerciale. Ceux qui l'ont étudiée avec impartialité rendent à l'Empire cette justice que, même avec des adversaires plus faibles, il évite volontiers le trouble qu'apporte la guerre et qu'aucune pensée d'ambition ne se cache sous ses actes. Pourtant quelques agents politiques des grands États européens ont prêté, dit-on, au Brésil d'autres pensées. Désireux de prouver leur pénétration et de se donner de l'importance, ils ont tenté de faire prendre le change à leurs gouvernements. Il leur a semblé, par exemple, que l'absorption de Montevideo arrondirait parfaitement le territoire de l'Empire en lui donnant la clef de cette magnifique mer intérieure de la Plata, et ils ont vu la pauvre République de l'Uruguay si déchirée et si impuissante qu'ils n'ont pas douté un instant que l'intention du gouvernement impérial ne fût de rectifier sa frontière, en mettant, à la première occasion, la main sur cette bande orientale qui était comme sa limite du Rhin. Les événements ont prouvé combien cette perspicacité prétendue était en défaut et combien étaient mal fondées les appréhensions qu'on voulait inspirer à l'Europe. Une première fois, en 1852, une armée brésilienne est entrée sur le territoire de l'Uruguay, elle a arraché la défaillante République aux étreintes de Rosas; puis, dès que le dictateur a été renversé, elle a repris pacifiquement le chemin de l'Empire, en consacrant par un traité nouveau l'indépendance de l'État oriental. Une seconde fois, au commencement de 1854, une division impériale forte de 5,000 hommes est arrivée à Montevideo, sur la demande instante du président et en exécution d'une des clauses du traité qui obligeait le Brésil à prêter son assistance pour le maintien du gouvernement légal. Cette force militaire a assisté l'arme au bras à une révolution nouvelle; ne pouvant aider le président Florès dans ses entreprises ouvertement inconstitutionnelles, elle s'est bornée, au milieu des conflits locaux, à maintenir la sécurité publique. Quand l'affaire a été tant bien que mal arrangée, le gouvernement impérial a officiellement signifié au président provisoire de la République que son intention formelle était de rappeler ses troupes; à l'heure où j'écris, il n'y a plus un soldat brésilien dans l'État de Montevideo, le mouvement d'évacuation ayant dû être terminé le 15 décembre. Assurément ce n'est pas là la conduite d'un gouvernement qui aurait eu une arrière-pensée d'envahissement. Les prétextes ne manquaient pas au Brésil pour continuer son intervention avec un caractère plus significatif, car l'État oriental lui doit deux millions de piastres. Rien ne lui était plus facile d'ailleurs que de prendre parti dans les luttes intestines auxquelles il assistait, et de s'assurer ainsi les sympathies d'une portion au moins de la population. C'est là ce qu'aurait fait certainement toute puissance qui aurait voulu s'ouvrir les voies à une domination prochaine. Le Brésil n'a rien fait de pareil, et il est impossible de prouver d'une façon plus péremptoire combien son désintéressement est sincère.

En effet, le Brésil a d'autres conquêtes à faire, plus urgentes et plus fécondes que celles des pays qui l'avoisinent. Il a à arracher à la stérilité son magnifique territoire; il a à remplir du bruit des cognées et des voix mâles des travailleurs le silence de ses solitudes; il a à rendre ses fleuves, les plus beaux fleuves du monde, accessibles à la navigation et au commerce; il a à percer des routes à travers les espaces incommensurables de l'Empire pour mettre le centre en communication avec le littoral, pour ouvrir au monde ce livre fermé et plein de mystère de l'Amérique intérieure; il a à faire rayonner le flambeau de la civilisation dans les profondeurs épaisses de ses forêts vierges; il a, en un mot, une œuvre gigantesque à accomplir, œuvre qu'il a résolûment entreprise, mais que le travail d'un siècle pourra à peine mener à fin. Quand ce siècle sera expiré, quand il aura accompli son immense tâche, quand il aura peuplé et fécondé l'Empire, depuis le 4ᵉ degré de latitude nord jusqu'au 34ᵉ degré de latitude sud, depuis le 37ᵉ jusqu'au 73ᵉ degré de longitude ouest, il sera temps alors, si les 150 ou 200 millions de Brésiliens se trouvent trop à l'étroit dans leurs limites géographiques, il sera temps de songer qu'on pourrait à la rigueur étendre la main jusqu'à la Plata. Mais cela ne regarde ni la génération présente ni celle qui la suivra, et sans se préoccuper d'un avenir qui n'appartient à personne, le gouvernement du Brésil suit la loi de sa politique naturelle, en se vouant exclusivement aux œuvres de la paix.

Quelle est la première et la plus importante de ces œuvres, celle vers laquelle doivent converger toutes les autres? C'est, sans conteste, l'œuvre de la colonisation, urgente toujours, puisque le Brésil a un territoire immense à peupler et à mettre en valeur, plus urgente aujourd'hui que jamais, car la suppression radicale de la traite, accomplie enfin à l'éternel honneur de l'empereur don Pedro II, de son gouvernement et de la nation tout entière, menace sérieusement d'une prochaine disette de bras l'agriculture brésilienne.

C'est précisément parce que la question de la colonisation prime toutes les autres que je me suis réservé d'en faire l'objet d'une étude spéciale. Dans le dernier chapitre de ce livre, je résumerai ce qui a été fait jusqu'ici et le travail d'avenir que prépare si heureusement la nouvelle administration des terres publiques.

Mais les terres fussent-elles prêtes à recevoir les colons, et ceux-ci eussent-ils compris tous les avantages d'une expatriation au Brésil, le mouvement d'émigration serait bientôt arrêté, si entre les centres où doivent se constituer les colonies et le littoral de l'Atlantique des voies de communication n'étaient pas ouvertes. Le Brésil manque de routes carrossables, tout le monde le sait, et on le sait mieux au Brésil qu'ailleurs, et cette difficulté des transports paralyse tout à la fois la création d'exploitations nouvelles et le développement des exploitations existantes.

Fait-on quelque chose pour obvier au mal? A-t-on pris des mesures pour diminuer les distances, en frayant des voies praticables à travers les forêts profondes et les *serras* inaccessibles? Peut-on espérer qu'à une époque qui ne sera pas trop éloignée on pourra voyager, au moins dans une partie de l'intérieur du Brésil, autrement qu'à dos de mulet?

Oui, cette espérance est permise; oui, il s'est fait au Brésil quelque chose et il se prépare plus encore, de telle sorte qu'on entrevoit, dans un avenir assez prochain, le moment où la vie commencera à circuler dans l'intérieur de l'Empire. Oui, cette transformation s'apprête : elle est déjà beaucoup plus qu'une espérance, elle entre dans la voie de la réalisation.

Avec les ressources restreintes dont les provinces disposent, avec l'assistance fort limitée aussi que le trésor général peut leur prêter, il aurait fallu mesurer les délais de cette transformation non par des années, mais par des siècles. Heureusement si le pays est limité dans ses ressources, son éducation financière et économique est fort avancée, et son génie commercial lui a suggéré les moyens de mener l'œuvre à fin, en usant hardiment du crédit qu'il s'est si honorablement créé.

Ce que l'État ne peut faire, ce que théoriquement il n'est pas bon qu'il fasse, l'industrie et les capitaux privés se sont chargés de l'entreprendre.

Voici ce qui s'est passé. Une loi avait approuvé l'établissement de trois lignes très-importantes de chemin de fer, partant, l'une de Rio Janeiro, l'autre de Bahia, la troisième de Pernambuco, et parcourant les points commerciaux et agricoles les plus peuplés et les plus productifs de ces trois riches provinces. Pour attirer les capitaux étrangers et indigènes dans ces opérations, l'État avait garanti aux entrepreneurs un intérêt de 5 %.

La mesure était excellente, mais l'intérêt garanti était bien minime dans un pays où l'argent produit beaucoup par le travail. L'assemblée provinciale de Bahia avisa un moyen de faire accueillir sa ligne par les capitalistes. En sus des 5 % garantis par l'État, elle donna une garantie supplémentaire de 2 %. Les assemblées des provinces de Rio Janeiro et de Pernambuco suivirent cet exemple.

A la suite de ces mesures prises en 1854, l'attention des entrepreneurs anglais se porta sur ces grands travaux, et après une étude approfondie du plan et des devis du chemin de fer projeté de Rio, une compagnie ayant à sa tête M. Price conclut avec le représentant du Brésil à Londres, M. Sergio de Macedo, un traité par lequel elle s'engage à exécuter immédiatement cette ligne. Le gouvernement brésilien approuva l'initiative de son habile agent en sanctionnant le contrat.

Ce chemin, qui prend le nom de don Pedro II, partira de la capitale, et se bifurquera à quelques lieues, pour atteindre d'un côté la frontière de la province de Minas Geraës, de l'autre côté la frontière de la province de Saint-Paul. La dépense de l'établissement du chemin est évaluée à 38 mille contos de reis (114 millions), que la compagnie se charge de fournir, moyennant la garantie d'intérêt de 7 % stipulée pour trente-trois ans et la concession de l'exploitation du chemin pendant quatre-vingt-dix ans. La ligne doit être exécutée tout entière dans un délai de dix années, mais on estime que la portion la plus importante et la plus lucrative, celle qui va jusqu'au Rio Parahyba, sera achevée en moins de six ans.

Pendant que cette affaire se concluait, des pourparlers avaient lieu avec d'autres capitalistes anglais au sujet des lignes de Pernambuco et de Bahia. Des ingénieurs avaient été envoyés sur les lieux pour étudier les tracés, et on avait le sérieux espoir d'arriver aussi à une conclusion.

Si les Anglais, que leur expérience industrielle place au premier rang pour l'exécution des voies ferrées, se sont réservé la direction des travaux, le concours des capitaux privés du Brésil n'a pas manqué cependant à la patriotique entreprise du chemin de fer de don Pedro II. Une part très-considérable des actions formant le fonds social a été souscrite à Rio, et l'affluence a été grande, à en juger par les doléances et les récriminations qu'ont fait entendre dans les journaux de la capitale les nombreux solliciteurs qui n'ont rien obtenu ou qui n'ont eu qu'une part trop faible dans la distribution des actions.

On ne peut pas faire des chemins de fer partout, mais partout il est bon et nécessaire de frayer des routes aux voitures et d'améliorer les rivières, ces chemins qui marchent, de manière à les rendre praticables aux transports. C'est ce que paraissent très-bien comprendre les assemblées provinciales, et leur tendance unanime est d'affecter à ces travaux féconds leurs ressources disponibles. Mais ces ressources sont restreintes, et là aussi l'intelligence économique supplée à l'insuffisance des coffres publics. Ainsi, l'année dernière, l'assemblée de Saint-Paul a décrété tout un réseau de voies soit par eau, soit par terre, qui embrasse l'étendue de la province entière. Pour attirer les entrepreneurs, elle a établi tout à la fois un droit de péage, un monopole de transport et une garantie d'intérêt. En vue du but à atteindre, tout est admissible, même le monopole. Il vaut mieux pour les voyageurs être voiturés par une entreprise privilégiée que de n'être pas voiturés du tout.

Je cite un exemple, mais les documents que j'ai sous les yeux établissent que partout l'impulsion est donnée, et qu'il y a rivalité entre les provinces pour améliorer leurs voies de communication.

J'en trouve surtout la preuve dans le rapport qu'a présenté cette année aux Chambres le ministre de l'Empire. J'ai dit qu'une portion des fonds généraux était destinée à subventionner les travaux publics à la charge des provinces. Le rapport énumère les travaux très-nombreux en voie d'exécution dans chacun des ressorts provinciaux et les subventions accordées par le gouvernement. L'amélioration des rivières a une très-grande part dans ces distributions.

Parmi ces cours d'eau qui sillonnent le Brésil et qui sont destinés à devenir en peu d'années un des plus puissants véhicules de sa prospérité, il en est un qui est le plus grand fleuve du monde, et qui mérite une mention spéciale, c'est l'Amazone, dont le cours a plus de treize cents lieues de développement, et qui, grossi par des milliers de tributaires, a soixante-douze lieues de largeur à son embouchure. Le Brésil, en possession du cours inférieur et des bouches de cet immense fleuve, serait impardonnable s'il avait négligé de faire concourir à ses développements présents et futurs ce grandiose élément de prospérité. Certes, il y a là beaucoup à faire, car ces rives du fleuve majestueux, à la végétation puissante, sont presque entièrement dépourvues de population. Quelques tribus d'Indiens ont pu à peine s'acclimater sous le climat torride de la zone équatoriale.

Pour le moment, le gouvernement du Brésil a fait ce qui était possible : il a créé, par une mesure énergique et hardie, la navigation sur le grand fleuve. Une compagnie puissante s'est chargée, moyennant une subvention assez considérable, mais qui doit diminuer progressivement, d'établir sur l'Amazone quatre lignes de bateaux à vapeur, qui doivent desservir tous les points habités du fleuve et de ses principaux affluents, et dont l'une doit s'avancer jusque dans les eaux supérieures du fleuve, sur le territoire du Pérou.

Parmi les charges imposées à la compagnie, en retour du subside qui lui est accordé, il faut signaler l'obligation de créer à ses frais sur les bords du fleuve six centres coloniaux dans un délai qui ne pourra pas excéder six années, et six autres établissements du même genre dans un second délai de quatre ans. Chacune de ces colonies aura au moins six cents habitants, tous d'origine européenne et importés aux frais de la compagnie. Déjà un de ces établissements, formé avec des colons des Açores, est installé dans le voisinage de la ville de Barra, chef-lieu de la province des Amazones, et il a pris la dénomination de *Maua*, du nom d'un célèbre banquier de Rio, un des chefs de l'entreprise de navigation sur le fleuve. Le service des bateaux à vapeur est en pleine activité, et tout récemment on a publié à Barra le récit curieux et naïf d'un voyage d'exploration accompli sur un des bateaux de la compagnie, par le président de la province, qui a remonté le fleuve jusqu'à la ville péruvienne de Nanta. Sa double traversée d'aller et de retour a duré vingt-huit jours, du 11 mars au 8 avril. Le journal du voyage, écrit par le secrétaire du gouvernement provincial, M. João Wilkens de Mattos, ressemble tout à fait à un récit de découvertes, à une promenade au milieu de tribus sauvages.

En attendant que ces louables efforts aient développé les richesses de l'intérieur en y attirant la population et le commerce, l'activité des affaires se porte sur le littoral que baigne l'océan Atlantique. La sollicitude du gouvernement s'attache à multiplier de jour en jour davantage les communications entre les divers points de la côte. Deux lignes régulières de bateaux à vapeur, l'une bis-mensuelle, l'autre mensuelle, partant toutes deux de Rio, desservant l'une le nord, l'autre le sud de l'Empire. Ce sont encore des entreprises particulières subventionnées par le gouvernement. Leurs contrats viennent d'être renouvelés cette année, et au prix d'une légère augmentation de subvention, les obligations des compagnies ont été étendues, de manière qu'aucun port de quelque importance ne soit privé de ces moyens rapides de communication.

Dans cette revue abrégée et restreinte, je puis à peine indiquer quelques-unes des améliorations matérielles opérées par le gouvernement ou avec son concours. J'aurais encore beaucoup à dire; car, dans ces dernières années, tous les services administratifs ont été notablement améliorés, et il est évident que le gouvernement est en marche comme le pays. Ce qui est remarquable surtout, c'est que ce n'est pas seulement dans le côté positif et matériel des choses que le progrès se signale; le mouvement intellectuel n'est pas moins développé, grâce à l'impulsion donnée d'en haut et aux ressources de l'esprit d'association fort apprécié et fort bien pratiqué. Rio surtout a ses poëtes, ses écrivains, son public lettré, ses journaux grands comme le *Times*, gorgés d'annonces, mais bien rédigés et d'une saveur locale parfois fort piquante; il a ses sociétés littéraires et savantes, une entre autres, l'Institut historique et géographique, dont l'Empereur est membre, et membre des plus assidus et des plus actifs. A côté de ces développements donnés aux travaux de l'intelligence, il y a dans les institutions et les mœurs du Brésil la tutelle pieuse de tout ce qui est faible et de tout ce qui souffre, de l'enfant qui, par tout l'Empire, reçoit le bienfait de l'instruction gratuite; du noir qui, dans certains cas, est protégé par un juge spécial; du pauvre malade qui est assisté et soigné dans ses infirmités. Les moindres villes de l'Empire ont leurs hôpitaux dotés par la charité privée, et au besoin par les coffres provinciaux. La capitale, en ceci comme en toutes choses, donne noblement l'exemple. Elle a sa maison de la Miséricorde, placée aujourd'hui sous la haute direction du président du Conseil marquis de Parana, et qui n'a rien à envier aux plus parfaits établissements hospitaliers de l'Europe. Un touchant emprunt fait à la France est venu compléter récemment l'organisation de la maison de la Miséricorde : nos sœurs de saint Vincent de Paul ont été appelées à faire le service intérieur de cet établissement, et là, comme en Orient, ces pieuses femmes ont récolté la reconnaissance publique et fait bénir le nom de la France. Bahia s'est piqué d'émulation : la seconde ville de l'Empire a voulu aussi avoir ses sœurs de charité, et la propagande qu'exerce leur admirable dévouement étend chaque jour ses effets et multiplie les demandes auprès de la maison mère de Paris.

Tout est donc en progrès au Brésil, et en progrès notable. Mais est-ce à dire qu'il n'y a rien à reprendre, rien à regretter dans la situation générale de l'Empire? Pas le moins du monde, et celui-là ne serait pas l'ami sincère du Brésil qui lui laisserait croire qu'il n'a plus de sérieux obstacles à surmonter, que tout est au mieux comme il est, et que son avenir se fera tout seul. C'est au prix de grands efforts et de soins incessants que cet avenir donnera tout ce qu'il promet. Les institutions politiques sont excellentes, elles garantissent la sécurité publique; mais les défauts des mœurs neutralisent leurs bons effets, en ce qui concerne la sécurité individuelle. Il y a dans le rapport présenté aux Chambres par le ministre de la justice de tristes et sévères pages consacrées à la nomenclature funèbre des crimes contre les personnes, et les chiffres des assassinats et des meurtres commis dans l'année se rapprochent fort des statistiques lugubres que fournissait la Corse au temps des plus ardentes *vendetta*. Je sais que ces crimes, plus fréquents d'ailleurs dans les contrées moins civilisées de l'intérieur que sur le littoral, sont rarement l'œuvre des passions basses; qu'on ne dépouille pas, qu'on ne vole pas ceux qu'on tue, et qu'il n'y a pas d'exemple qu'un meurtrier ait frappé les voyageurs isolés qui s'en reviennent des mines, à travers des forêts épaisses, portant dans leurs valises des diamants ou des métaux précieux. Cela est vrai; on n'assassine pas pour voler, mais on assassine par ardeur de sang, par vengeance et pour assouvir des haines héréditaires. Ces lamentables excès n'atteignent pas les étrangers, même ceux qu'un long séjour a naturalisés au Brésil; mais ce n'en est pas moins une tache pour l'honneur de l'Empire, une tache qu'il faut effacer. Un système de prompte et rigoureuse répression peut seul apporter un efficace remède au mal, qui devra d'ailleurs singulièrement s'atténuer à mesure que la civilisation gagnant du terrain fera disparaître ces forêts impénétrables qui servent de repaire aux criminels. Mais la justice a, dès à présent et toujours, son rôle qu'elle devra très-certainement mieux remplir aujourd'hui que la nouvelle loi d'élection, prohibant le cumul des fonctions judiciaires et du mandat législatif, détournera le magistrat de toute pensée de brigue électorale et lui laissera sa pleine impartialité. Le Brésil a adopté, pour le premier degré de juridiction, la règle du juge unique; c'est à mon avis une règle excellente, car il est plus aisé de trouver un bon magistrat que trois, que cinq et que sept, et ce n'est pas toujours le meilleur élément qui l'emporte dans les tribunaux composés d'éléments divers. Mais il faut, pour que la justice soit bien rendue par le juge unique, qu'il soit dégagé de toute préoccupation politique, et par conséquent de toute faiblesse pour tel ou tel individu, telle ou telle coterie qu'il ménagerait dans un intérêt électoral. Ce but sera immanquablement atteint par la loi qui vient d'être votée, et il y a tout lieu d'espérer que la répression des crimes contre les personnes prendra de cette situation nouvelle faite au juge une plus complète efficacité. Puisque je parle de la magistrature, je me permettrai une dernière observation. Pour la vaste étendue de l'Empire, il existe seulement quatre cours d'appel qui siégent à Rio Janeiro, à Bahia, à Pernambuco et à Maranham. Le zèle de ces magistrats, très-haut placés dans l'estime publique, ne saurait suffire à leur tâche, et dans l'intérêt des justiciables séparés par d'énormes distances des tribunaux supérieurs, il serait très-désirable que chaque province possédât une juridiction du second degré. La nécessité de cette création, que des difficultés financières ont dû seules faire ajourner, est démontrée avec force dans le *Relatorio* du ministre de la justice, qui finira certainement par avoir gain de cause auprès des Chambres.

Je résume cet aperçu, bien incomplet, de la situation intérieure du Brésil : ce qui ressort pour moi des nombreux documents que j'ai étudiés,

CHAPITRE TROISIÈME.

c'est l'ardente volonté des hommes du pouvoir, de l'Empereur, de ses ministres, des Chambres législatives, de hâter, par toutes les mesures que permet l'état financier et que ne condamne pas la prudence, cet avenir de richesse et de grandeur qui, dans la conviction de tous, est promis au Brésil. Ce qui ressort encore de cette étude, c'est le concours empressé, unanime, que prêtent à l'action gouvernementale les intelligences et les capitaux de l'Empire, s'inspirant du patriotisme des masses.

C'est à Rio Janeiro surtout que ces tendances se manifestent. Rio est une riche et puissante cité, qui compte aujourd'hui environ 300,000 habitants, qui a les habitudes des grandes spéculations et du grand commerce, et qu'aucune entreprise n'effraye quand il s'agit de faire faire un pas de plus au Brésil. Ces braves et dignes *Fluminenses* [1], assistés de grand cœur par l'élite du commerce européen, qui a ses comptoirs dans cette place anséatique, semblent décidés à ne reculer devant aucun effort d'où peut naître un bien pour leur beau pays. Leur confiance est sans bornes, et leur bourse paraît aussi inépuisable que leur confiance. Qu'il s'agisse de créer un grand établissement de crédit public et privé, à l'instar des banques de France et d'Angleterre, à peine la

---

[1] C'est le nom, expliqué par son étymologie, qu'on donne aux habitants de la capitale.

loi a-t-elle paru, à peine la souscription est-elle ouverte, et aussitôt l'argent afflue, et il se trouve qu'on a souscrit dix fois le capital nécessaire à l'établissement de la banque. Pour le chemin de fer de don Pedro II, même empressement. Pour des entreprises, même peu avantageuses, lorsqu'elles flattent par quelque côté l'amour-propre national, les capitaux viennent aussi d'eux-mêmes. Ainsi le petit chemin de fer de Rio à Petropolis est achevé par la compagnie Maua. On tenait à avoir à Rio, avant tout autre État de l'Amérique du Sud, un échantillon de voie ferrée, et on l'a eu. On a voulu aussi avoir un grand, un vrai théâtre lyrique, où les chefs-d'œuvre de Rossini, de Bellini, de Donizetti, de Verdi, auraient des interprètes dignes d'eux : c'est encore la bourse des riches particuliers qui fait face à cette royale dépense, avec la libérale assistance du gouvernement, et c'est aux frais et risques de quelques-uns que s'ouvre cette scène où les *prime donne*, comme madame Stolz, madame Charton, et aujourd'hui mademoiselle Lagrua, ont recueilli ou recueillent de si riches moissons.

Tout est possible dans cette voie, et tout y réussit; aussi la ville elle-même est en voie de se transformer. Elle s'efforce de se dégager peu à peu de cette défroque sale et boueuse dont l'avaient affublée ses anciens dominateurs; elle appelle à elle tout le confort des grandes cités d'Europe; elle commence à aligner ses rues, à les paver; elle les illumine au gaz. Tout va vite dans cette active capitale, et bientôt les vieux Portugais de 1821 ne la reconnaîtront plus.

CHAPITRE QUATRIÈME.

SITUATION EXTÉRIEURE.

La diplomatie du Brésil. — Affaire de la traite. — Démêlés avec l'Angleterre. — Bill Aberdeen. — Son caractère excessif. — Protestations du gouvernement impérial. — Effets déplorables de ce bill sur la nation brésilienne. — L'Empereur et les Chambres réagissent contre ces effets. — La traite disparaît. — Nécessité d'honneur pour l'Angleterre du rappel de ce bill.

Affaire de la Plata. — Rosas. — Sa haine contre le Brésil. — Mission du vicomte d'Abrantès en Europe. — Elle accroît les mauvaises dispositions de Rosas. — L'Angleterre s'arrange avec le dictateur. — Le traité Le Prédour. — Rosas cherche ouvertement à rompre avec le Brésil. — Son envoyé, le général Guido, demande ses passe-ports. — Conduite de la guerre. — Les alliés du Brésil. — Combat de Monte-Cacerès. — Chute de Rosas. — Résultats immédiats de cette chute. — L'esclavage et la république au Brésil. — Buenos-Ayres se sépare de la Confédération Argentine. — Incessantes agitations à Montevideo. — Intervention du Brésil. — Elle maintient l'ordre sans pouvoir maîtriser les ambitions rivales. — Rappel des troupes impériales. — Le Paraguay. — Renvoi brutal du ministre brésilien. — Le commandant Ferreira d'Oliveira. — Réparation obtenue. — Convention de navigation et de commerce non ratifiée par le gouvernement impérial. — Nouvelles négociations.

Questions de limites avec les Républiques voisines de l'Empire. — Lenteurs et difficultés qu'elles éprouvent. — Règle du Brésil. — *Uti possidetis.* — Opinion de M. de Humboldt.

Navigation de l'Amazone. — Manœuvres des États-Unis. — Le lieutenant Maury. — Expédition des lieutenants Herndon et Gibbon. — Leurs publications. — Convention de Memphis. — Résolutions qu'elle adopte. — Conduite du gouvernement fédéral. — Il négocie avec le Pérou. — Il échoue. — Ses tentatives auprès du gouvernement impérial. — *Memorandum* du cabinet de Rio sur la navigation de l'Amazone. — Tentative avortée de piraterie. — Résumé de la question. — La fermeture de l'Amazone ne saurait être que temporaire. — Une fois la colonisation en voie de s'accomplir, la navigation du grand fleuve doit être libre.

La politique étrangère du Brésil a eu jusqu'ici un mérite rare; elle a fait discrètement ses affaires, atteignant son but ou en approchant sans faire trop parler d'elle. Modérée et conciliante quand elle a eu à traiter avec ses inquiets voisins, assez souvent prompts aux mauvais procédés et aux menaces de propagande, elle a su maintenir son ascendant, sans faire étalage et encore moins abus de sa force. Vis-à-vis des grandes puissances maritimes, la politique du Brésil n'a pas été moins sage et moins habile; elle est demeurée digne et ferme dans son droit, quand ce droit a été contesté, menacé ou violé. Elle a laissé au temps, qui ne manque pas à son œuvre, le soin de valider les protestations solennelles de l'Empire contre des iniquités que condamne en définitive la conscience des nations civilisées.

Le caractère général de cette politique, c'est une parfaite honnêteté avec la volonté bien prise de ne subir aucune pression, de rester maître de soi, maître chez soi; mais aussi avec cette bienveillance attractive qui est le calcul naturel des peuples dont le commerce est la principale préoccupation. Comme je l'ai dit dans le chapitre précédent, le gouvernement du Brésil est sincèrement désintéressé de toute pensée d'agrandissement territorial, et pour qui a étudié ses actes de vingt-cinq ans, il est avéré que, depuis la malencontreuse guerre contre Montevideo, en 1828, il n'y a pas trace dans son histoire de velléité ambitieuse. J'ajoute volontiers que cette règle de conduite, loyale et franche, qui laisse aux agents du gouvernement impérial toute la liberté de leurs allures, place très-honorablement à l'étranger les hommes distingués qui composent le corps diplomatique brésilien, en donnant à leur parole l'autorité qui lui est due.

Deux faits considérables ont signalé dans ces derniers temps la politique étrangère du Brésil : ce sont, d'une part, ses démêlés avec l'Angleterre au sujet de la traite des noirs; d'autre part, le conflit sur les bords du Rio de la Plata, qui s'est terminé par la chute du dictateur Rosas. Je résumerai rapidement l'une et l'autre affaire.

Le gouvernement britannique s'est voué, depuis 1814, à la suppression de la traite. Que son mobile ait été dans cette croisade un calcul mercantile, une pensée de domination universelle sur les mers, ou qu'il ait obéi seulement à des instincts d'humanité, aux inspirations de l'esprit chrétien, peu importe : le mobile peut être attaquable, mais le but est saint et sacré; car la traite des noirs, ce trafic de chair humaine, est chose infâme. Mais l'Angleterre, même pour réaliser une œuvre honnête, emploie souvent des moyens qui ne le sont pas, et notamment dans cette affaire de la traite, il n'est pas un peuple qui n'ait eu maille à partir avec elle, tant ses façons d'agir ont été peu soucieuses du droit des nations. On n'a pas encore tout à fait oublié en

France le mouvement d'opinion qu'a provoqué l'affaire du droit de visite, mouvement si prononcé que le roi Louis-Philippe ne calma le pays qu'en sollicitant et en obtenant du cabinet de Londres le rappel de ce traité malencontreux. On sait aussi toutes les difficultés que cette question a suscitée entre l'Angleterre d'une part, et de l'autre, les États-Unis et l'Espagne, toujours en lutte avec les prétentions exorbitantes des croiseurs britanniques. Mais ce qu'on connaît moins en Europe, ce sont les persécutions inouïes que la politique anglaise a infligées à l'Empire du Brésil sous prétexte de suppression du trafic des noirs.

Le droit de visite, en vertu de traités passés avec le Portugal et que le Brésil a dû subir, bon gré mal gré, a été tout d'abord imposé à la marine brésilienne et appliqué par les tribunaux d'amirauté de Sierra-Leone et de Sainte-Hélène, avec une sévérité brutale, qui avait souvent le caractère d'une criante injustice, et contre laquelle le cabinet de Rio n'a cessé de faire entendre des protestations aussi énergiques qu'impuissantes. Mais ce n'est pas tout : si exorbitant et si attentatoire qu'il soit à la souveraineté des nations, ce droit de visite a encore certaines règles dont il ne doit pas s'écarter. Le croiseur ne peut s'emparer des navires suspects que dans des zones déterminées, et à une certaine distance du rivage; ce qu'on appelle la mer territoriale, c'est-à-dire la portion de la mer qui baigne les côtes jusqu'à la distance où peut atteindre la plus longue portée du canon, demeure hors de toute agression aussi bien que la terre même dont elle est censée faire partie. Or, ces règles, ces restrictions tutélaires, suprême hommage rendu au droit des nations, gênaient visiblement l'Angleterre, bien qu'elles fussent mal respectées par ses croiseurs, et elle n'hésita pas à s'en affranchir. Un bill fut rendu le 8 août 1845, qui attribuait exclusivement à la cour d'amirauté d'Angleterre et à tous les tribunaux de vice-amirauté le jugement des faits de traite reprochés à des navires portant pavillon brésilien. C'était la suppression des garanties données à ces navires par la composition des commissions mixtes, c'était la violation ouverte de tous les principes du droit des gens, puisque les prétendus négriers brésiliens étant assimilés à des navires anglais, les croiseurs de Sa Majesté Britannique se tenaient pour autorisés à poursuivre et à saisir les barques suspectes jusque dans les eaux territoriales du Brésil, et à continuer au besoin sur le sol même de l'Empire la recherche et la poursuite des Africains débarqués. Et cependant ce bill était l'œuvre du plus modéré des hommes d'État anglais, de celui qui passe pour le plus scrupuleux en matière de droit international, et aujourd'hui encore on ne le désigne que sous le nom de bill Aberdeen!

Il est inutile d'insister sur le caractère d'une pareille mesure. Dans aucun temps, dans aucun pays, on n'a vu une usurpation des droits d'autrui plus flagrante et plus éhontée; l'Angleterre faisait ouvertement contre l'Empire acte de guerre. C'était plus qu'un blocus, car les neutres qui échappent aux bloqueurs sont en sûreté dans le port; c'était un abus inouï de la force, confisquant la souveraineté du Brésil sur ses côtes, et s'arrogeant, comme on ferait en pays conquis, un droit absolu de police et de répression. Cela ne ressemblait à rien de ce qui se pratique entre peuples civilisés, et la piraterie seule a de telles façons de procéder.

Quelle était cependant la situation du Brésil au milieu de ces actes sans nom de l'Angleterre? Il faut le dire, parce que c'est la vérité, malgré l'ardente recherche des croiseurs anglais, la traite des noirs, activement poussée par des capitalistes peu scrupuleux qui y trouvaient des profits énormes, avait pris des développements considérables, et elle versait jusqu'à cinquante mille Africains par an sur le territoire brésilien. Le bill Aberdeen n'avait absolument rien changé à l'état des choses, et, en effet, eût-elle porté là toute sa marine, l'Angleterre ne pouvait rien pour la surveillance d'une côte qui a onze cents lieues de développement, et dont toutes les criques étaient connues de cette nuée de négriers qui passaient comme des ombres à travers l'escadre anglaise, et dont la rapidité inouïe défiait les allures plus lentes des croiseurs.

D'un autre côté, le bill Aberdeen avait produit un effet déplorable. La population tout entière avait été indignée, et pendant que le gouvernement impérial protestait énergiquement à Londres, les intéressés au trafic des noirs, exploitant le sentiment public, égaraient les masses en leur faisant entendre que la meilleure réponse à faire aux indignes procédés de l'Angleterre, c'était de persévérer dans la traite et de la favoriser par esprit national.

Dans les notes diplomatiques qui ont été échangées à ce sujet, ce qui frappe, c'est précisément cet argument du Brésil : « L'Angleterre veut la suppression de la traite, le gouvernement impérial la veut également, et il est fermement décidé à user de tous les moyens pour atteindre son but. Mais ce qui paralyse sa bonne volonté, ce qui entrave son action, c'est précisément l'intervention violente de l'Angleterre dans une question intérieure, où elle n'a nul droit d'intervenir; c'est l'attentat contre la souveraineté de l'Empire commis par une loi anglaise. Il était déjà fort difficile au gouvernement impérial de faire entendre raison aux intérêts des propriétaires du sol et des intermédiaires commerciaux qui croient la fortune du pays engagée dans la continuation de la traite; mais les obstacles deviennent bien autrement graves et insurmontables quand une question d'honneur vient s'y ajouter, et quand on demande au Brésil, le pied sur la gorge, une réforme qu'il veut faire volontairement. Si ces excès ne changent rien aux résolutions du gouvernement impérial, ne comprend-on pas qu'ils diminuent son autorité sur les agents administratifs et judiciaires chargés d'assurer l'exécution légale des mesures prises contre la traite? » Ce langage digne, sensé, parfaitement sincère, n'a pas été écouté à Londres, et il aurait dû l'être.

Pourtant, malgré ces sérieux obstacles suscités par la politique inquiète et hautaine de l'Angleterre, la traite, cette lèpre honteuse dont gémissaient tous les cœurs élevés, tous les esprits intelligents, a aujourd'hui complétement disparu de l'Empire. Ce qui se serait peut-être accompli plus tôt sans la blessante intervention de l'Angleterre, s'est accompli plus tard, grâce, non pas au bill Aberdeen, mais à l'inébranlable et patiente fermeté de l'Empereur, de ses ministres et du Parlement brésilien. L'immense popularité dont jouit don Pedro II s'est hardiment engagée dans une lutte contre les préjugés nationaux et contre une masse d'intérêts inintelligents, et elle en est sortie victorieuse. Avec cette haute sagacité qui distingue tous les actes du jeune prince, il a vu que satisfaction pleine et entière devait être donnée aux droits de l'humanité et de la religion, et qu'il y avait pour le Brésil un autre avenir de prospérité et de richesse, plus grand, plus large que celui où l'enfermaient les traditions d'une routine peu scrupuleuse et peu chrétienne. Ses sentiments ont rapidement pénétré au cœur de la nation même, dont le merveilleux instinct dégage devant elle les voies nouvelles qui lui sont ouvertes; elle a répondu à la voix aimée de son Empereur, et d'un même cri elle a répudié la traite et acclamé la colonisation.

Les documents communiqués cette année au Parlement brésilien attestent qu'il n'y a pas eu dans l'intervalle qui s'est écoulé depuis la précédente session un seul cas de débarquement d'Africains sur la côte du Brésil. Les documents de l'année dernière constatent le même résultat. De cinquante mille, le chiffre des victimes du trafic impie est descendu à zéro.

Que devient le bill Aberdeen dans cette occurrence? En vérité l'Angleterre en a honte, j'imagine, et elle a déjà rendu un premier hommage au droit outragé par elle en prescrivant à son escadre de l'Amérique du Sud de le laisser sans exécution. Mais ce n'est pas assez; il faut à l'honneur même de l'Angleterre une réparation plus ample : si elle ne peut effacer le bill Aberdeen de ses annales, elle peut, elle doit l'effacer de son code maritime. Revenue, grâce à une heureuse alliance, à de plus sains, à de plus loyaux principes, en matière de droit international, il y va de sa gloire de faire disparaître cette dernière trace de ses usurpations, ce dernier bruit des abus de la force dont elle a tant rempli le monde.

Si la loyauté du gouvernement brésilien éclate au grand jour dans ses tristes démêlés avec l'Angleterre à l'occasion de la traite, elle ne se manifeste pas moins dans tous les détails du dernier conflit qui a abouti à la chute de Rosas et qui a mis fin à cette éternelle question de la Plata, que l'Europe, à bout de ressources, ne savait plus par quel côté prendre.

Aux yeux de bon nombre de gens, Rosas avait un mérite qui devait appeler l'indulgence sur les excès de sa politique. Il était l'autorité, le pouvoir, l'ordre, dans un pays qui, sans lui, semblait fatalement voué à l'anarchie. Sa tyrannie, si dure qu'elle fût aux siens, si brutale qu'elle fût par moments pour les étrangers, était, après tout, un gouvernement. Voilà pourquoi certains esprits l'excusaient et étaient disposés à lui passer beaucoup. C'est en France surtout que ces sentiments se faisaient jour, car la France était prodigieusement lasse d'une intervention coûteuse, fort négligemment menée et qui n'aboutissait à rien. De plus, dans ces années (1849 et 50) où on vint lui parler du traité Le Prédour, elle était elle-même si rassasiée d'anarchie, que ce qu'il y avait d'apparence de force dans le gouvernement de Rosas lui semblait un état de choses assez enviable pour n'être pas contrecarré au dehors.

C'était là, à mon avis, une erreur grossière : le gouvernement de Rosas n'était pas fort, car il n'avait rien fondé autour de lui. Ce n'était pas même une force révolutionnaire, car il ne s'appuyait sur aucun principe. Rosas était un esprit médiocre et entêté, sans scrupule aucun, ne regardant pas aux moyens pour se maintenir. Du reste, ses idées étaient souverainement hostiles à la civilisation et arriérées d'un siècle. S'il affectait la tyrannie et s'il tendait à réunir en un seul corps soumis à sa verge de fer tous les territoires appartenant à l'ancienne vice-royauté de Buenos-Ayres, c'était pour soustraire le plus possible à l'influence de l'Europe les vastes solitudes de l'Amérique intérieure et pour appliquer sur une large échelle les doctrines du docteur Francia combinées avec la vieille politique chinoise, qui de l'Empire Céleste n'ouvrait aux étrangers que le port de Canton. Le Canton de Rosas eût été soit Montevideo, soit Buenos-Ayres.

Le cabinet de Rio connaissait mieux que l'Europe les tendances et le but de Rosas, et il avait à s'en garder, car le Brésil, en raison de l'ordre intérieur qu'il devait à ses institutions monarchiques, de la prospérité dont il jouissait, de l'accroissement que prenaient ses relations avec l'Europe, était l'objet des défiances, des jalousies, des haines sournoises du dictateur. La mission en Europe du vicomte aujourd'hui marquis d'Abrantès avait donné à Rosas de nouveaux ombrages. On a beaucoup parlé dans le temps de cette mission, qui aurait eu, disait-on, pour but de proposer aux gouvernements de France et d'Angleterre une sorte de triple alliance avec le Brésil pour terminer en commun cette question de la Plata dont l'Europe était déjà assez embarrassée. Ce bruit, fort répandu au moment des négociations, est encore généralement accrédité aujourd'hui, bien qu'il soit tout à fait dénué d'exactitude. La vérité, sur ce point, très-peu connue, est que le diplomate brésilien était chargé de sonder les cabinets de Londres et de Paris sur la portée des garanties que l'un et l'autre avaient données à la Confédération Argentine, à savoir, la France, dans le traité Mackau, et l'Angleterre, dans la convention préliminaire de paix conclue le 27 août 1828 sous sa médiation. Il est vrai qu'en se renseignant à l'avance sur la conduite que les puissances maritimes de l'Europe devraient tenir, dans l'éventualité d'une action du Brésil contre les Républiques de la Plata, la cour de Rio laissait percer la possibilité d'une rupture avec Rosas; mais c'est là un genre de précaution que tous les gouvernements sages ont le droit et le devoir de prendre, et la démarche n'impliquait nullement l'intention de renoncer à terminer, par les voies amiables, les différends que Rosas suscitait incessamment au gouvernement brésilien.

Qu'il ait su ou non la vérité sur la mission du vicomte d'Abrantès, Rosas en prit singulièrement ombrage, et sa haine contre le Brésil en devint plus envenimée. Il sut cependant se contenir, car il avait toujours sur les bras la France et l'Angleterre, et son intérêt lui commandait de ne pas aggraver les dangers de la situation en provoquant une puissance Sud-Américaine qui n'avait ni les flottes ni les armées des deux plus grands États du monde, mais qui, fortement organisée chez elle, touchait par tous les points au territoire régi par Rosas, et le tenait sous la bouche de ses canons.

Mais l'Angleterre était lasse, et, la première, elle fit avec Rosas un traité tel quel. Puis la France, qui avait alors bien d'autres affaires, entra en négociation, et un projet de convention fut conclu entre l'amiral Le Prédour et le négociateur de Rosas. Grâce aux événements qui se sont rapidement succédé, cette convention ne put être ratifiée, et elle est demeurée sans effet. Mais le dictateur ne prit pas même le loisir d'attendre cette ratification, qui ne devait jamais venir, et dès qu'il crut ses affaires terminées avec l'Europe, il se tourna du côté du Brésil avec des airs rogues et menaçants. Sa diplomatie prit des allures de brise-raison qui tendaient évidemment à une rupture. Le cabinet de Rio voulait garder la paix, bien qu'il eût de graves sujets de plainte contre Rosas et son lieutenant Oribe; le ministre des affaires étrangères d'alors, M. Paulino de Souza, aujourd'hui vicomte d'Uruguay, prit la peine, dans une suite de dépêches fort remarquables que j'ai analysées ailleurs [1], de discuter et de réfuter les vieux et nouveaux griefs présentés par l'envoyé de Rosas, M. le général Guido. L'Empereur lui-même voulut bien témoigner à l'agent argentin son ferme désir de terminer la querelle à l'amiable. Rien n'y fit. Comme l'a dit le vieux poëte : *Dieu jette la démence au cœur de ceux qu'il veut perdre.* Plus on se montrait conciliant vis-à-vis de lui, plus Rosas affichait d'insolentes exigences; et un jour vint, en septembre 1850, où le général Guido dut recevoir ses passe-ports et quitter la capitale du Brésil, emportant avec lui la guerre qu'il avait cherchée.

Comment cette guerre fut conduite, et par quelle singulière habileté le gouvernement impérial réussit tout d'abord à isoler Rosas et à l'entourer d'un réseau d'ennemis, c'est ce que le public européen a su sommairement, et ce que je n'ai pas ici à raconter en détail. Il me suffira de dire que, très-peu de temps après la rupture, des traités d'alliance offen-

---

[1] *Le Brésil et Rosas,* brochure in-8°, publiée en 1851, chez Guillaumin.

sive et défensive étaient conclus avec le Paraguay, avec le gouvernement de Montevideo et avec le général Urquiza, au nom des deux provinces de l'Entre-Rios et de Corrientes. Le Paraguay, quoique directement menacé par Rosas, s'abstint, par un système de temporisation calculée, de participer aux mesures prises pour commencer la lutte; mais, ainsi qu'Urquiza et le gouvernement de Montevideo, il avait déterminé l'un des principaux buts de la guerre, en concluant avec le Brésil, comme les deux autres intéressés, une convention spéciale de navigation et de commerce, consacrant le principe du libre usage des fleuves entre riverains.

L'armée brésilienne, commandée par le comte aujourd'hui marquis de Caxias, entra bientôt sur le territoire de l'Uruguay, où se trouvaient déjà les Argentins d'Urquiza. Dans l'impossibilité de soutenir le choc des coalisés, Oribe s'était empressé de conclure avec le général argentin une convention en vertu de laquelle les troupes du lieutenant de Rosas durent se disperser et rentrer dans leurs foyers. La ville de Montevideo, cette nouvelle Troie, comme on l'a appelée, fut ainsi délivrée du siége qu'elle soutenait depuis dix ans. Puis une division brésilienne, commandée par le général Marques Souza, aujourd'hui baron de Porto-Allegre, passa le Parana, se réunit aux Argentins d'Urquiza, joignit l'armée du dictateur à Monte-Cacerès, presque aux portes de Buenos-Ayres, et la mit en déroute complète. Rosas était renversé. Montevideo était à jamais débarrassé de son opiniâtre ennemi. La confédération argentine était libre. Le Paraguay, menacé d'envahissement par Rosas, n'avait plus rien à craindre.

Quant au Brésil, les profits qu'il retirait de cette heureuse campagne étaient certes fort avouables. En anéantissant le pouvoir de Rosas, en supprimant le trouble de la guerre et de l'anarchie dans l'État de l'Uruguay, il se donnait à lui-même une sécurité considérable qui lui manquait. Dans la partie de l'État oriental qui touche à la province de Rio Grande do Sul, se trouvent, depuis longues années, un certain nombre d'établissements de sujets brésiliens que les soldats d'Oribe mettaient incessamment à sac et à pillage, en enlevant les bestiaux, sous prétexte de contributions de guerre, et en massacrant les colons. Les belliqueux *Estanceros* de la frontière ne réussissaient à se défendre que par un système organisé de représailles. C'était un état de choses anormal, indigne d'un grand pays, et la chute de Rosas y mettait un terme.

La politique hostile du dictateur avait un autre danger, moins grand qu'on l'a prétendu, mais assez sérieux cependant pour qu'il fût nécessaire d'y couper court. Rosas se figurait avoir deux armes toutes-puissantes contre le Brésil monarchique et pays à esclaves; ces deux armes étaient la double

propagande de la République et de l'abolition de
l'esclavage. Plus d'une fois, de sourdes menaces
dans ce sens étaient parties des bords de la Plata :
à une autre époque, durant les agitations de l'époque de la Régence, une folle tentative de République
avait éclaté, comme je l'ai dit, précisément dans
cette province de Rio Grande do Sul, la plus voisine
de l'action argentine, et il était avéré qu'elle ne
s'était prolongée, dans le cercle étroit où elle était
circonscrite, que grâce à l'assistance que lui prêtaient tour à tour les agents de Rosas et les chefs de
bande de l'État oriental. Tout ce passé était apuré,
et les anciens républicains de Piratinim étaient devenus les plus ardents zélateurs de la Monarchie.
Mais il était évident que Rosas, en se précipitant de
gaieté de cœur dans une lutte inégale, n'avait pas
renoncé à user de ces moyens odieux, et, bien qu'il
se fît grandement illusion sur leur efficacité, il pouvait agir sur quelques esprits inquiets, sur quelques
hommes corrompus, et susciter des troubles. L'action malfaisante de cette propagande n'eût certainement pas abouti, car le Brésil est de plus en plus
rattaché à sa Monarchie par les profits qu'il en retire
et par le culte qu'il a voué à son jeune Empereur ;
d'un autre côté, une guerre *serve* n'est pas à craindre dans un pays où l'esclavage est incomparablement plus doux que partout ailleurs, où le préjugé
de la peau n'existe pas, et où la classe si nombreuse

des hommes de couleur libres est ardemment attachée à une Constitution qui leur ouvre toute grande la voie qui mène aux plus hautes fonctions publiques. J'ajoute que si une provocation aux esclaves doit demeurer sans effet, c'est surtout dans cette province de Rio Grande do Sul, la seule qui soit en contact direct avec les anciennes colonies espagnoles de la Plata : car, en raison des cultures mêmes du sol, qui n'exigent nullement l'emploi des Africains, le chiffre des esclaves y est extrêmement réduit.

Quoi qu'il en soit, la guerre contre Rosas et la chute du dictateur, qui en a été la suite, ont fait disparaître toutes ces craintes, plus ou moins exagérées, d'agitation intérieure.

Ce n'est pas tout : le Brésil a conquis, dans cette guerre, des avantages positifs que rien désormais ne peut lui enlever, et dont le monde commercial partagera à la longue avec lui les bénéfices.

L'Empire a d'immenses territoires intérieurs, plus riches et plus féconds encore que le sol déjà si riche qui borde ses côtes. A ces provinces, dont le nom est à peine connu en Europe, il ne manque que des débouchés. Les routes fermes sont longues et coûteuses à faire; mais la nature, si prodigue à ces zones bénies, offre des voies toutes faites : ce sont les fleuves qui sillonnent le territoire et qui sont presque partout en communication facile avec la mer.

D'un côté, l'Amazone, dont j'aurai à parler tout à l'heure, de l'autre, la Plata, reçoivent les eaux de ces rivières. Les trois principaux affluents du bassin de la Plata, l'Uruguay, le Parana et le Paraguay, baignent l'intérieur du Brésil et sont les débouchés naturels des provinces brésiliennes, du Parana et de Matto-Grosso. Ces débouchés, Rosas les avait fermés au Brésil; la chute de Rosas et les traités que le Brésil a conclus avec les riverains les lui ont ouverts.

Tels sont les résultats que le Brésil a su tirer de la guerre qu'il a heureusement menée à fin dans la Plata : accroissement de sécurité pour l'Empire, développement donné à sa politique commerciale. Un pays qui sait faire si bien et si loyalement ses affaires a droit assurément à l'estime et à la considération du monde civilisé. Tout en se maintenant dans la voie stricte de la justice, tout en se décidant à contre-cœur à la guerre, et tout en faisant profiter de ses sacrifices des voisins médiocrement reconnaissants, le gouvernement impérial a su se créer des gages nouveaux de prospérité future. C'est là une conduite qu'on peut louer, car elle est honnête, sage et habile.

Mais les Républiques de la Plata ont-elles aussi habilement fait tourner à leur avantage la révolution qu'elles ont accomplie avec le concours du Brésil? Malheureusement non. Je n'ai pas ici à discuter les causes qui perpétuent l'agitation et l'anarchie au sein de ces agrégations d'hommes se rattachant par tous leurs instincts au principe d'autorité que supprime la forme de leur gouvernement, et qui, catholiques et espagnoles dans l'âme, s'épuisent en efforts héroïques, depuis quarante années, pour faire une œuvre d'Anglo-Saxons et de protestants. Toujours est-il que l'accord qui s'était fait entre elles pour renverser l'ennemi commun n'a pas survécu au succès de l'entreprise.

La Confédération Argentine s'est disloquée : après plusieurs mois de misérables luttes, Buenos-Ayres s'est séparée des douze autres provinces, et s'est constituée en État indépendant, Buenos-Ayres, sans qui la Confédération Argentine est bien peu de chose, mais qui perd, en s'isolant, les centres de production où s'alimentait son marché commercial.

De son côté, la République orientale est revenue à ses distractions favorites : elle a fait des *pronunciamentos* et de petites révolutions, elle a renversé des présidents qu'elle venait d'élire, sans qu'il soit possible de démêler une cause avouable à ces revirements, car la Constitution est assez bonne [1] et sem-

---

[1] Un des reproches qu'adressent à la Constitution de l'État oriental les hommes intelligents qui l'ont vue fonctionner, c'est l'interdit électoral dont elle frappe les individus qui ne savent ni lire ni écrire. La prescription est assurément très-philosophique, mais elle a altéré le suffrage universel, et en

ble d'une pratique facile. C'est, dans ce pauvre pays, une lutte perpétuelle de personnalités, des conflits sans cesse renaissants entre les *Blancs* et les *Rouges*, qui sont blancs et rouges on ne sait pourquoi, et, brochant sur le tout, des nuées de généraux, de colonels, de fonctionnaires civils inoccupés et un trésor public en état de sécheresse permanente. Le Brésil, obligé par un traité et aussi par le besoin d'avoir sa frontière du sud paisible à prêter son assistance au maintien de la présidence légale de Montevideo, a consenti, sur la demande instante du gouvernement oriental, à le protéger par son intervention. Il a envoyé à Montevideo une division de cinq mille hommes; il a rempli, par une subven-

---

restreignant le nombre des électeurs qui ne peuvent et ne veulent rien être que de laborieux travailleurs de la terre, elle a accru les chances des intrigants et des ambitieux.

La restriction constitutionnelle dont je parle est aujourd'hui tombée en désuétude, et la condition de savoir lire et écrire n'est plus exigée pour le vote. Mais, au dire des gens pratiques, le vice radical de la Constitution orientale, c'est la règle d'incompatibilité absolue qu'elle proclame entre le mandat législatif et toute espèce de fonctions émanant du pouvoir exécutif. Il y a beaucoup d'ambitions toujours en éveil dans l'État oriental, mais l'esprit et la science des affaires y manquent presque absolument, de telle sorte que si le petit nombre d'individus aptes à l'administration et à la politique siégent dans l'une ou l'autre des deux Chambres, il n'en reste plus pour assister le président de leurs conseils, et réciproquement.

tion mensuelle de 60,000 piastres, les coffres de ce malheureux pays, vrai tonneau des Danaïdes, qui eût englouti, hélas! bien d'autres sommes, tant sont affamés ses créanciers de toutes sortes. Ces sacrifices pécuniaires, auxquels il a bien fallu mettre un terme, ont atteint le chiffre énorme de 10 millions de francs, et n'ont absolument abouti à rien : l'envoi des troupes auxiliaires a servi au moins à donner à la ville de Montevideo une sécurité d'une année et à lui faire voir quelle prospérité l'attend, si elle se résignait à prendre un peu de goût à l'ordre. Mais c'est trop exiger sans doute de ce turbulent pays : malgré la présence de la division brésilienne, un nouveau changement à vue s'est accompli au mois d'août dernier. Le président Florès a été renversé, un peu par son fait et sa faute, car, pour se préparer une réélection illégale, il avait tenté une de ces entreprises dans lesquelles on ne doit pas échouer : il avait ouvertement violé la Constitution, en imposant à la presse la censure préventive. La force brésilienne ne pouvait suivre Florès sur ce terrain, puisque sa mission était de protéger le gouvernement légal : elle est demeurée neutre, se bornant à maintenir la tranquillité dans la ville, de telle sorte que la révolution a pu se faire sans effusion de sang. Depuis lors, il y a eu une sorte de trêve entre les partis : Florès s'est démis de ses fonctions, et, d'un commun accord, le président du Sénat, Bustamente, a été appelé à occuper provisoirement le poste de président de la République. Toujours heureux d'échapper à l'anarchie qu'ils provoquent sans cesse, les habitants de Montevideo ont accueilli avec enthousiasme cet arrangement; mais au mois de mars prochain (en supposant que la paix intérieure dure jusque-là, ce qui est toujours douteux) tout sera à recommencer, car le mois de mars est l'époque où doit être élu le président définitif, et cette élection est pour Montevideo l'éternelle pierre d'achoppement. Florès, qui jouit d'une certaine popularité dans la campagne, repoussera-t-il la candidature illégale que ses amis lui préparent? C'est ce qui n'est nullement sûr, et l'avenir de ce triste État, où le désintéressement politique est inconnu, demeure fort sombre.

Avec ses allures loyales et discrètes, le gouvernement du Brésil ne pouvait chercher un rôle qui eût été inévitablement calomnié, au milieu des partis qui déchirent l'État oriental. Il avait fait tout ce qui dépendait de lui pour assurer la paix au sein de la République, et si les factions qui s'entre-choquaient ne rendaient pas à ses intentions la justice qui leur est due, elles s'accordaient à proclamer les grands services rendus par les troupes auxiliaires et la parfaite discipline qu'elles avaient constamment gardée. Mais puisque les sacrifices faits par le Brésil n'avaient pas atteint le but qu'il s'était proposé, puisque les bons conseils qu'il avait donnés n'étaient pas suivis, puisqu'en pacifiant les rues il n'avait pu réussir à pacifier les âmes, et qu'un système de dénigrement furibond s'attaquait à ses vues, ne pouvant s'attaquer à ses actes, le gouvernement impérial n'a pas hésité à prescrire le rappel de ses troupes. L'ancien ministre des affaires étrangères, M. le vicomte d'Abaeti, a été envoyé à Montevideo pour notifier au gouvernement oriental cette décision de l'Empereur. L'évacuation de la division auxiliaire sur la frontière brésilienne a dû être terminée le 15 décembre. L'attitude d'abstention et d'observation prise par le Brésil mettra fin aux calomnieuses inventions des partis, et elle suffira à sauvegarder l'Empire contre les périls et les maux auxquels l'ont exposé, en d'autres temps, les désordres de l'État oriental.

Au Paraguay, la sécurité du pays n'a pas été troublée : le docteur Francia, mort dans la plénitude de son pouvoir après quarante ans de dictature non contestée, a fait à ses successeurs un lit où ils peuvent dormir tranquilles. Il n'y a donc eu dans ce pays façonné de très-longue date à la discipline (car avant son terrible dictateur, il avait eu le gouvernement théocratique des jésuites) ni révolution ni agitation d'aucune espèce. Mais si le président Lopès n'a été gêné par aucune pression intérieure dans le développement de sa politique, il semble avoir

CHAPITRE QUATRIÈME.

pris à tâche de se créer des embarras extérieurs par sa conduite vis-à-vis du Brésil.

C'était surtout au Paraguay qu'avaient profité la coalition contre Rosas et la chute du dictateur. Lopès savait fort bien que de tous les ennemis de Rosas, il était le plus gravement et le plus immédiatement menacé. Le Brésil ne craignait qu'un trouble; le Paraguay craignait pour son existence même comme État indépendant. Rosas voulait envahir le Paraguay et l'incorporer dans la Confédération Argentine. Lui qui laissait volontiers ses plans dans l'ombre, ne dissimulait pas celui-là, et la dernière fois qu'il réunit sa Chambre des représentants, ce fut pour se faire donner un blanc-seing qui l'autorisait à agir comme il l'entendrait contre le Paraguay. Sans l'énergique action du Brésil, Lopès et sa République étaient perdus, car la lutte était par trop inégale. La victoire de Monte-Cacerès avait donc sauvé Lopès d'un péril imminent, et ce qui est digne de remarque, c'est que ce résultat capital avait été obtenu sans effort aucun de la part du Paraguay, car les troupes de Lopès n'étaient pas en ligne à Monte-Cacerès, et n'étaient pas même sorties du territoire paraguayen. Le Paraguay devait donc tout, même son existence, à l'initiative et aux sacrifices du gouvernement impérial. Voici comment il lui a témoigné sa reconnaissance.

En vertu du traité qui consacrait en principe le

droit de navigation et de commerce pour le pavillon brésilien sur les eaux du Rio Paraguay, traité éminemment profitable à la République paraguayenne, car il lui ouvrait aussi le passage du Rio Parana que Rosas lui tenait obstinément fermé; en vertu, dis-je, de ces stipulations et pour en régulariser la pratique, le plénipotentiaire brésilien à l'Assomption, M. Léal, reçut l'ordre de s'entendre avec le gouvernement de Lopès et de faire en même temps un règlement de limites entre les deux États.

Dès le début des négociations, le mauvais vouloir de Lopès se manifesta de la façon la plus claire. Sans qu'il osât tout d'abord décliner les conséquences du traité de navigation et de commerce, il s'attacha à hérisser de difficultés la question des limites : il fit une proposition d'une sauvagerie incroyable; il demanda qu'un territoire d'environ vingt lieues carrées, appartenant de temps immémorial au Brésil et situé entre le Rio Branco et le Rio Apa, fût neutralisé, c'est-à-dire déclaré à jamais inhabitable. L'envoyé brésilien repoussa péremptoirement cette proposition, bien digne de l'héritier de Francia, non pas seulement parce qu'elle violait les droits du Brésil, mais parce qu'elle blessait profondément sa politique civilisatrice. Dès lors les mauvais procédés s'accumulèrent contre lui, et un beau jour les relations diplomatiques furent rompues par Lopès, qui congédia M. Léal par un brutal envoi de passe-ports.

Ces actes inqualifiables exigeaient une réparation, et la dignité du Brésil l'obligeait à la réclamer par des moyens énergiques. Une escadre nombreuse, qui comptait, outre ses navires à voiles, une dizaine de bateaux à vapeur, fut envoyée dans les eaux de la Plata, sous les ordres du commandant Pedro Ferreira de Oliveira, chargé de pleins pouvoirs pour terminer les différends du gouvernement impérial avec le président Lopès. Les détails de cette affaire toute récente sont connus du public européen : ce n'était pas la guerre que l'escadre brésilienne apportait au Paraguay, et les forces dont disposait le négociateur n'avaient d'autre but que d'imposer au président Lopès le respect du droit des nations qu'il avait si étrangement méconnu. L'escadre demeura à l'ancre à l'entrée des eaux du Paraguay, le commandant Ferreira remonta seul le fleuve sur un vapeur brésilien. Arrivé à l'Assomption, il fut immédiatement reçu, en grande pompe, par le président Lopès, qui n'hésita pas à exprimer sur-le-champ ses regrets de l'insulte faite au ministre Léal, et à donner au pavillon impérial les réparations publiques qui lui étaient dues.

La question de dignité était vidée; restaient à régler les questions d'affaires. Un négociateur, le général Solano Lopès, fut nommé pour s'aboucher avec le plénipotentiaire brésilien. Une convention intervint qui ajournait la question des limites, en réglant la question de navigation et de commerce; mais il fut stipulé que si dans le délai de huit mois l'affaire des limites n'était pas terminée, le traité devait être considéré comme non avenu.

Ces arrangements n'ont pas été ratifiés par le gouvernement impérial, qui n'a pas voulu subordonner au règlement toujours incertain de la question des limites l'exercice du droit qui appartient à son pavillon de naviguer sur le Rio-Paraguay. Le plénipotentiaire a été rappelé comme ayant outrepassé son mandat. Le différend en est là au moment où j'écris : l'escadre brésilienne n'a pas quitté la Plata, mais il y a lieu de croire que la discussion a été renouée, puisque dans son discours de clôture des Chambres, prononcé le 4 septembre, l'Empereur a exprimé l'espoir de voir arriver bientôt à une solution le différend avec la République du Paraguay [1].

Ces questions de règlement de limites sont la grande affaire du gouvernement du Brésil, qui n'épargne ni soins ni peines pour les amener à solution. Il semble tout d'abord qu'aucun obstacle sérieux ne devrait entraver des négociations de ce genre;

[1] En effet, les dernières nouvelles annoncent que la négociation va être reprise à Rio Janeiro.

car ce n'est pas la terre qui manque dans l'Amérique du Sud, et d'ailleurs les terrains en litige entre les États limitrophes sont ou complétement déserts, ou parcourus seulement par quelques hordes sauvages. Cependant l'amour-propre s'en mêle, les vieilles rivalités non encore éteintes entre les deux races espagnole et portugaise suscitent mille difficultés, et malgré la persévérance exemplaire du gouvernement impérial, les négociations traînent démesurément en longueur. Je lis, par exemple, dans le rapport présenté aux Chambres cette année par le ministre des affaires étrangères, qu'on négocie avec la République de Venezuela, sur les limites, depuis 1841. Il est vrai de dire que presque toujours les pourparlers sont interrompus par quelque révolution qui vient renverser le gouvernement de ces Républiques, et que c'est une œuvre de Pénélope éternellement à recommencer. Cette interruption accidentelle s'est produite à plusieurs reprises non-seulement pour Venezuela, mais pour l'Équateur et pour la Nouvelle-Grenade. En somme, voici l'état présent des choses : la question des limites est réglée avec le Pérou; elle est en voie de solution au moyen d'un traité préliminaire qui en précise les bases avec la République de l'Uruguay; elle est résolue avec Venezuela, mais la convention souscrite par le gouvernement de cette République, approuvée par le sénat, n'a pas encore été ratifiée par la Chambre des représentants; elle est l'objet d'une négociation qui se suit à Paris, en ce qui concerne la Guyane française : rien n'est fait encore avec la Nouvelle-Grenade, l'Équateur, le Paraguay, la Bolivie, mais partout les négociations se suivent ou sont en voie de se renouer.

Si le gouvernement impérial ne peut toujours vaincre les difficultés que lui oppose la force des choses, il doit pourtant arriver à son but, car il a l'esprit de suite et la patience que donnent les institutions monarchiques. De plus, dans ces débats si complexes et si pleins d'obscurité, il apporte avec ses sentiments habituels de modération et de justice une règle fixe qui doit en définitive prévaloir, c'est la règle de la possession, le principe *uti possidetis*, seul moyen d'arriver à des solutions pratiques quand il s'agit de lieux où les investigations de la science n'ont pas pénétré, et dont les latitudes mêmes, déterminées par les cartes, fourmillent de grossières inexactitudes.

Sur ce point, un éclatant témoignage vient d'être rendu au Brésil. Un de ses jeunes et intelligents diplomates, M. le commandeur Miguel Maria Lisboa, neveu du ministre du Brésil à Paris, à la suite de laborieuses négociations avec les Républiques de l'Amérique centrale, avait eu l'heureuse et loyale pensée de soumettre au jugement si compétent du baron de Humboldt la convention de limites qu'il avait conclue avec Venezuela. Voici un extrait de la réponse de l'illustre savant :

« J'approuve beaucoup, monsieur, la sagesse avec
» laquelle, dans votre négociation, vous n'avez (avec
» les intentions les plus conciliatrices) pas insisté
» sur des agrandissements de territoire, et vous
» avez adopté, pour sortir des longues incertitudes
» qui naissent des vagues expressions du traité du
» 11 octobre 1777, le principe de l'*uti possidetis* de
» 1810. Vous avez très-bien senti que ce qu'il y a
» de plus important pour faire sortir ces sauvages
» contrées de leur état d'isolement et d'abandon
» industriel, c'est d'apaiser les antipathies natio-
» nales et de profiter par une libre navigation de
» cet admirable entrelacement de rivières qui,
» comme un don de la Providence, a été accordé
» assez inutilement jusqu'ici aux peuples de l'Amé-
» rique du Sud.
» C'est sur ce point de vue que, de retour de
» l'expédition de l'Orénoque, en 1800, j'ai tâché de
» fixer l'attention du gouvernement espagnol dans
» un rapport que j'ai adressé au ministre des affaires
» étrangères d'alors, le chevalier d'Urquijo. Je disais
» alors : Ce qu'il serait plus digne d'obtenir au
» moyen de concessions mutuelles, ce serait une
» liberté entière et réciproque de commerce pour
» ces majestueuses rivières de l'Orénoque, du Cas-

» siquiare, du Rio Negro, du Guaiania et du Ma-
» ranhon. Rien ne serait plus propre à développer
» la prospérité par la culture des terres dans ces
» pays si désolés; rien ne serait plus propre à dimi-
» nuer la triste et déraisonnable antipathie qui existe
» malheureusement entre deux nations limitrophes. »

M. de Humboldt, dans cette appréciation si sensée et si flatteuse pour le Brésil, fait marcher de front les questions de limites, de navigation et de commerce, qui, en effet, se touchent par tant de points qu'elles se confondent. Telle a été aussi la façon de voir et d'agir de la diplomatie brésilienne; et partout où elle a demandé un règlement de limites, elle a apporté en même temps les bases d'une convention destinée à régler la liberté de navigation et de commerce. Ces négociations n'ont pas encore abouti partout, et elles demeurent à peu près dans le même état que l'affaire des limites. Mais, à côté de ce travail diplomatique qui se poursuit paisiblement entre le Brésil et les États qui l'avoisinent, il a surgi une sorte d'intervention étrangère qui a fort préoccupé l'Amérique et qui vaut qu'on s'y arrête, car les destinées futures du continent sud-américain sont peut-être engagées tout entières dans ce débat.

Le principal débouché de l'intérieur du Brésil sur l'Océan, c'est le magnifique fleuve de l'Amazone, dont les deux rives du cours inférieur traversent le territoire de l'Empire sur une étendue de près de cinq cents lieues. Fidèle aux tendances libérales de sa politique, le gouvernement du Brésil a voulu faire jouir les États voisins des bienfaits de la navigation de cet immense cours d'eau. Il a conclu avec le Pérou, qui possède quatre-vingts lieues navigables du fleuve, un traité qui déclare libre pour les deux peuples la navigation de l'Amazone; il a offert aux divers États qui possèdent des affluents navigables du grand fleuve, à Venezuela, à la Nouvelle-Grenade, à l'Équateur, à la Bolivie, des traités pareils qui consacrent la même réciprocité de droits. Mais pendant que les gouvernements de l'Amérique du Sud réglaient ainsi au mieux de leurs intérêts des affaires qui les concernent, l'esprit envahisseur des Américains du Nord s'est éveillé, couvant la pensée de mettre la main sur l'Amazone et sur son riche bassin.

Voici ce qui s'est passé : Un des hommes les plus entreprenants et les moins scrupuleux de l'Union américaine, appartenant au département de la marine en qualité de surintendant de l'Observatoire national, le lieutenant Maury, obtint, en 1853, du gouvernement de Washington qu'une double exploration de l'Amazone et de ses affluents serait faite par deux agents de l'Union [1].

[1] J'emprunte ces détails à une série d'articles publiés dans le journal de Rio, le *Correïo mercantil,* et signés du nom de

Tous les deux partirent du Pérou, mais pour prendre bientôt deux directions différentes : l'un, Herndon, suivit le cours du Huelaga, pour atteindre les eaux supérieures de l'Amazone, qu'il descendit jusqu'à son embouchure ; l'autre, Gibbon, traversa la Bolivie, atteignit la principale rivière de cet État, le Madeira, qu'il explora dans toute son étendue, et aboutit à l'Amazone dans les environs de la ville brésilienne de Barra. Leur voyage terminé, les deux explorateurs se hâtèrent de revenir à Washington pour mettre le promoteur de leur expédition, le lieutenant Maury, en possession des documents qu'ils avaient recueillis, en se réservant toutefois une petite portion de leurs découvertes, pour avoir leur part dans le retentissement et les bénéfices de l'affaire.

Le lieutenant Maury s'empressa de mettre à profit des matériaux merveilleusement appropriés à l'œuvre d'envahissement qu'il méditait. Il publia sous ce titre : *L'Amazone et les côtes atlantiques de l'Amérique méridionale*, une brochure qui portait l'attache officielle *par ordre du Congrès*, et qui fut répandue par

mon excellent et docte ami, le commandeur Pereira da Silva. Je regrette fort que mon travail trop avancé ne me permette pas d'user encore une fois du droit qu'il me donne de m'enrichir de ses dépouilles, en profitant amplement des articles dont il vient de commencer la publication dans un autre journal de Rio, le *Comercio*, sur l'ouvrage de M. de Ponthoz.

milliers d'exemplaires sur tous les points de l'Union; brochure où l'exagération fabuleuse des faits le disputait à l'extravagante audace des théories qui semblaient prendre à tâche d'asseoir sur les débris de toutes les notions de justice et de droit des gens un droit tout nouveau à l'usage du peuple américain.

La presse des États-Unis s'enflamma au récit des merveilles racontées par les deux lieutenants explorateurs, et aux perspectives dorées qu'on ouvrait aux appétits de lucre, si développés aujourd'hui dans la patrie de l'austère Washington. Comment, en effet, n'être pas séduit par des descriptions comme celle-ci, par exemple, qui semble dérobée aux plus éblouissants des contes arabes : « Cuyaba, dit le lieutenant
» Herndon, est au centre de la région aurifère de
» ce pays superbe. On y trouve de l'or en veine,
» entre les pierres, dans les fonds des ruisseaux et en
» petits grains à fleur de terre : à la suite de chaque
» pluie, les esclaves et les petits enfants courent le
» ramasser dans les boues des rues de la ville. Dans
» la région diamantine, il est certain qu'on trouve
» des diamants mêlés à la terre, comme on trouve
» l'or dans les excavations de Californie. Selon Cas-
» telnau, un homme, en voulant ficher un pieu en
» terre, trouva un diamant de neuf carats. Quel-
» quefois on trouve des diamants dans le gésier des
» petits oiseaux. »

Quel pays que celui-là! et comme de tels tableaux

étaient bien de nature à provoquer les convoitises *Yankees*, qui ne s'inquiétaient guère de rechercher si on ne surfaisait pas leur âpre crédulité! Le Brésil est un magnifique pays, sans doute : les forêts vierges de Matto-Grosso, sans parler de celles du Maranham et de tant d'autres, renferment très-certainement des mines d'or qui, tôt ou tard, devront être exploitées. Il y a dans plusieurs provinces des terrains à diamants très-fouillés déjà et qui n'ont pas donné toutes leurs richesses, même après l'*Étoile du Sud*, si admirée à notre Exposition universelle. Mais, depuis le *Candide* de Voltaire, on n'a pas encore revu cet *Eldorado* où les enfants jouent dans les rues avec des disques d'or, et il faut remonter aux *Mille et une Nuits* du bon abbé Galland pour trouver des diamants dans le ventre des poissons et des petits oiseaux.

Mais les *Yankees* n'y regardent pas de si près, et l'opinion populaire prit sur-le-champ fait et cause pour les récits et les plans du lieutenant Maury et de ses acolytes. L'opinion a, aux États-Unis, des moyens de manifestation tout-puissants, et le gouvernement, quand elle s'est prononcée, est bien peu de chose en face d'elle.

Les partisans du lieutenant Maury organisèrent une démonstration imposante pour forcer la main aux autorités fédérales, qui peut-être bien ne demandaient pas mieux que d'être dégagées de leurs scrupules par la pression populaire. Une convention se réunit à Memphis dans les derniers jours de 1853. La libre navigation de l'Amazone y fut mise à l'ordre du jour et débattue. Il fut décidé :

1º Que la libre navigation de l'Amazone était une des plus importantes questions du siècle, et que tous les efforts des hommes d'État américains devaient tendre à la faire aboutir ;

2º Que, dans cette pensée, le lieutenant Maury demeurait chargé d'appeler, au nom de la convention, l'attention du gouvernement sur cet objet en lui faisant connaître l'importance et l'urgence de faire ouvrir ce fleuve aux relations commerciales par la vapeur ou par tout autre véhicule, non-seulement à son embouchure, mais sur toute l'étendue de son parcours, avec tous les habitants des bords de l'Amazone et de ses tributaires ;

3º Que les membres de la convention de Memphis déclarent qu'ils aiment la paix et qu'ils tiennent en très-grande valeur les relations d'amitié qui ont toujours existé entre les États-Unis et le Brésil; qu'ils tiennent pour essentiel de les conserver ; et conséquemment, pour qu'elles continuent, ils ne demandent rien de plus au congrès et au gouvernement que d'assurer la navigation de l'Amazone avec l'amiable consentement du Brésil, — CONSENTEMENT AMIABLE, SI FAIRE SE PEUT, — FORCÉ, SI CELA EST NÉCESSAIRE.

C'est ainsi que procède, à ce qu'il paraît, la démocratie américaine, bien dégénérée assurément et bien oublieuse des principes proclamés par ses glorieux fondateurs. Et l'on s'étonne que d'ardentes sympathies pour la cause russe éclatent aux États-Unis, à ce point qu'on ait tenté d'y armer de faux corsaires, de vrais pirates, pour courir sus aux bâtiments français et anglais! Rapprochement étrange! On parlait dernièrement d'un navire suspect de crime de piraterie qu'on venait d'arrêter dans un port américain, et ce navire avait pour nom LE MAURY!

Rien de plus naturel d'ailleurs et de plus facile à expliquer que ces sympathies. Si les formes des deux gouvernements sont différentes, leur visée est la même, c'est l'usurpation du bien d'autrui; leurs moyens d'action sont les mêmes, c'est l'abus de la force fondé sur le plus souverain mépris du droit. En y regardant de près, on retrouverait encore le même despotisme, ici d'un homme, là des masses, mais, des deux parts, sans responsabilité et sans frein.

Le gouvernement était donc sommé par la convention de Memphis de donner satisfaction à la volonté populaire qui exigeait la liberté du fleuve des Amazones. Ses tendances secrètes le disposaient à remplir ce mandat, qu'il avait peut-être un peu provoqué. Mais comment s'y prendre?

S'adresser tout d'abord au gouvernement du Brésil, c'était par trop brutal, après les insolentes menaces des conventionnels de Memphis et l'aveu effronté de leurs plans d'envahissement. La diplomatie américaine prit un biais; elle fit un peu comme le bonhomme des *Femmes savantes*, qui adresse à sa sœur les griefs qu'il n'ose encore diriger contre sa femme; elle prit le Pérou à partie. Le gouvernement du Brésil avait conclu avec le Pérou un traité qui donnait à la marine péruvienne le droit de naviguer dans les eaux brésiliennes de l'Amazone, en même temps qu'il ouvrait aux navires de l'Empire les eaux supérieures qui appartiennent au Pérou. D'un autre côté, par une convention du 26 juillet 1851, les États-Unis avaient obtenu du Pérou d'être traités sur le pied de la nation la plus favorisée, et l'agent nord-américain à Lima prétendait, en combinant ces deux conventions, qu'elles ouvraient de plein droit aux navires des États-Unis l'entrée des eaux de l'Amazone, dont le libre usage avait été concédé au Brésil.

Dans sa réponse à la note où ces prétentions étaient développées, le ministre des affaires étrangères du Pérou faisait observer que le traité avec le Brésil était bilatéral, que le Pérou concédait un droit, mais qu'il obtenait par réciprocité un droit analogue, et que rien de pareil ne pouvait exister entre le Pérou et les États-Unis; il ajoutait que la navigation d'un fleuve appartenant à des maîtres communs constituait une servitude active et passive en même temps, et que c'était là un droit qui ne pouvait se transmettre à un tiers par la volonté exclusive d'un des contractants; enfin il déclarait que les deux gouvernements du Brésil et du Pérou faisaient en ce moment, à frais communs, un essai de navigation sur l'Amazone, affaire dans laquelle des tiers n'avaient rien à voir; que le Pérou regardait d'ailleurs l'ouverture du fleuve, comme contraire à ses intérêts; que plusieurs de ses tributaires ne sont pas encore explorés; que le gouvernement n'est pas encore fixé sur les points d'escale; que le commerce dans ces parages se limite à de simples échanges entre les sauvages et les peuples voisins et qu'il est de toute nécessité d'établir d'abord l'ordre et la régularité dans ces régions solitaires, à l'effet de garantir efficacement la vie et la fortune des populations étrangères qui viendraient s'y fixer.

Je n'insiste pas sur les détails de cette négociation, qui échoua au Pérou, et qui, portée quelques mois après à Rio, vint y avorter misérablement. Mais pour donner au lecteur une idée parfaite de la politique du Brésil relativement à l'ouverture de l'Amazone, je citerai en entier un document où cette politique est très-nettement résumée; c'est le *memorandum* suivant, adressé le 13 septembre 1854

CHAPITRE QUATRIÈME.

par le gouvernement impérial au chargé d'affaires des États-Unis, M. Trousdale :

« Le gouvernement de Sa Majesté l'Empereur, en
» ce qui touche l'invitation du gouvernement des
» États-Unis de conclure avec le Brésil un traité
» d'amitié, de commerce et de navigation, persiste
» dans l'opinion qu'il a exprimée dans la note
» adressée par lui à M. David Tod, le 22 avril 1851.

» Dans l'état où se trouve l'industrie du Brésil, en-
» core peu développée, le gouvernement croit que
» la conclusion de traités semblables ne convient
» pas, quant à présent, aux intérêts du pays, et son
» refus se fonde sur un système qui, étant adopté
» vis-à-vis de toutes les nations, ne pourrait être
» maintenu, si on faisait une exception.

» Le gouvernement ne méconnaît pas l'impor-
» tance du commerce du Brésil avec les États-Unis
» et la consommation considérable qu'ils font d'un
» de ses principaux produits, le café, qui y est im-
» porté libre de droits. Il est pleinement convaincu
» des avantages qui résultent pour le Brésil d'un
» plus grand développement de ce commerce; il est
» disposé à faciliter ce développement par tous les
» moyens en son pouvoir, autres que des traités ;
» cet objet sera pris en considération dans le tarif
» dont la réforme a été confiée à l'étude du Conseil
» d'État.

» Pour ce qui touche à la prétention à la libre
» navigation de l'Amazone, objet que M. Trous-
» dale déclare intéresser les citoyens des États-Unis,
» le gouvernement impérial ne peut accorder le
» principe et la doctrine sur lesquels on prétend
» fonder cette réclamation, en assimilant l'Ama-
» zone à l'Océan. Le gouvernement impérial estime
» que cette doctrine, d'ailleurs nouvelle et présen-
» tée pour la première fois, est repoussée par les
» principes du droit public et des gens, et ne peut
» prévaloir à moins qu'on ne substitue aux prin-
» cipes du droit et de la justice la règle de l'intérêt
» et le droit de la force.

» Les États-Unis ne se sont jamais autorisés de ce
» droit dans les questions qu'ils ont débattues avec
» l'Espagne et l'Angleterre sur la navigation du
» Mississipi et du Saint-Laurent. Les États-Unis
» avaient cependant alors cette circonstance en leur
» faveur qu'ils étaient riverains, et la portion du
» fleuve que possède l'Angleterre à l'embouchure
» du Saint-Laurent, ainsi que celle qui appartenait
» à l'Espagne à l'embouchure du Mississipi, sont
» beaucoup moindres que la portion de l'Amazone
» qui appartient au Brésil avec son embouchure.

» Le gouvernement impérial est fermement con-
» vaincu qu'on ne peut assimiler à l'Océan un
» fleuve dont le Brésil possède les deux rives sur
» une vaste étendue de quatre cent quatre-vingts

CHAPITRE QUATRIÈME. 173

» lieues, depuis l'embouchure jusqu'à Tabatinga,
» limite de l'Empire. Bien que l'Amazone soit en
» divers points assez large, il a cependant des passes
» étroites, où un fort peut empêcher le passage et
» où on ne peut naviguer sans faire fréquemment
» usage de ses rives.

» Le Brésil possède les deux tiers de son étendue
» navigable : il a, à l'entrée, les forteresses de Ma-
» capá et de Garupá, et plus haut, celles de Mazar-
» gão, Duas Barras, São-José de Rio Içá et de Ta-
» batinga, et sur les deux rives, des villes, des
» bourgs, des centres de population. Le Brésil pos-
» sède donc sur l'Amazone tout ce qui, selon les
» principes reçus, sert à prouver la souveraineté
» sur les eaux de cette rivière.

» L'Océan sert de voie de communication à
» toutes les nations du globe, et sa navigation est
» indispensable à beaucoup d'entre elles, qui, po-
» puleuses et puissantes comme elles sont, ne pour-
» raient subsister sans le commerce étendu auquel
» elles se livrent.

» L'Amazone ne se trouve pas dans les mêmes
» conditions. Bien que son immense vallée, quand
» elle sera convenablement peuplée, puisse donner
» un vaste aliment au commerce des nations, elle
» est, quant à présent, presque entièrement dé-
» serte : sa navigation n'est donc nullement indis-
» pensable, et même, dans l'état actuel, elle ne

» peut avoir ni intérêt ni avantage pour les nations
» qui ne sont pas riveraines.

» La grande portion du bassin de l'Amazone qui
» appartient au Brésil contient deux provinces,
» celle du Para à l'embouchure et celle de l'Ama-
» zone dans l'intérieur. Pour le commerce de la
» province de Para, le port de Belem suffit, et il
» est ouvert à toutes les nations étrangères. La po-
» pulation de la province de l'Amazone n'excède pas
» trente mille âmes : presque entièrement compo-
» sée d'indigènes, elle consomme très-peu de pro-
» duits de l'industrie étrangère, et elle n'éprouve
» pas le besoin d'un commerce direct avec les na-
» tions qui exportent ces produits. Il y a moins de
» population encore dans le département de May-
» nas, appartenant au Pérou, qui occupe la partie
» supérieure du fleuve.

» La population de cette République, que peut
» alimenter le commerce étranger, est séparée de la
» vallée de l'Amazone par les Andes, et le chemin
» naturel pour leurs approvisionnements, dans le
» présent comme dans l'avenir, sera toujours l'o-
» céan Pacifique. Les territoires occupés par les Ré-
» publiques de Venezuela, de la Nouvelle-Grenade
» et de l'Équateur sur les affluents se jetant dans
» l'Amazone n'ont presque aucune population. Les
» centres des principales villes et populations de ces
» Républiques ne pourront jamais être avantageuse-

» ment alimentés par la navigation de l'Amazone.
» Ainsi, le fleuve fût-il ouvert au commerce du
» monde, toutes ces Républiques continueraient à
» être exclusivement desservies par la navigation de
» l'Atlantique et du Pacifique.

» En outre, les affluents de l'Amazone qui tra-
» versent ces territoires et qui peuvent servir à la
» navigation ne portent et ne porteront jamais que
» des embarcations de faible tonnage, incapables de
» navigation sur l'Océan, et beaucoup de ces af-
» fluents ne peuvent être rendus navigables qu'à
» l'aide de nombreux travaux hydrauliques qui de-
» vront améliorer leur cours. Toutes ces circon-
» stances démontrent que, dans l'état de choses ac-
» tuel, il n'existe pas un grand intérêt, ni pour les
» États-Unis, ni pour aucune autre nation, qui
» puisse servir de prétexte à la prétention immé-
» diate de naviguer sur l'Amazone.

» Il n'est pas dans l'intention du gouvernement
» impérial de garder l'Amazone fermée pour tou-
» jours au transit et au commerce étranger; mais
» son ouverture ne lui paraît pas encore opportune.
» C'est une question grave, qui doit être résolue
» sans précipitation et avec les précautions et les
» garanties que son importance exige.

» Dans le but d'étudier pratiquement cet objet,
» à l'égard d'un fleuve dont les rives sont en grande
» partie désertes, et où sont inapplicables les règles

» et les mesures prises en Europe au sujet de fleuves
» dont les bords sont peuplés depuis des siècles, le
» Brésil a conclu avec le Pérou le 23 octobre 1851
» un traité de commerce et de navigation fluviale.
» Ce traité, qui doit durer six ans, n'a pas encore
» deux années d'exécution.

» Ce fut le fait de l'initiative spontanée du gou-
» vernement impérial, qui aurait conclu des traités
» semblables avec les autres Républiques qui peu-
» vent tirer avantage de la navigation des Ama-
» zones, si elles se fussent montrées désireuses de
» l'obtenir, et si elles fussent arrivées à s'accorder
» sur les conventions qui devaient précéder cette
» concession de la part du Brésil.

» Dans le même but d'étudier pratiquement la
» question et aussi de développer la colonisation et
» le commerce sur les rives désertes de l'Amazone,
» le gouvernement impérial a introduit dans ses
» eaux la navigation à vapeur, en subventionnant
» à cet effet une compagnie brésilienne, à laquelle il
» a concédé le privilége exclusif de la navigation de
» l'Amazone pendant trente années. Bien que cette
» durée ne parût pas excessive pour une telle étude
» et pour le développement du commerce national,
» cependant le gouvernement impérial, désireux
» de rester libre d'ouvrir l'Amazone au commerce
» du monde dans un plus court délai, et quand il
» s'y jugerait préparé, a obtenu de la compagnie

» l'abandon de son privilége, moyennant une aug-
» mentation considérable de subvention.

» Le moment venu, et le gouvernement impé-
» rial se réserve exclusivement d'en apprécier l'op-
» portunité, il est décidé à ne concéder à aucune
» nation la navigation de l'Amazone dans la por-
» tion où le Brésil possède deux rives, si ce n'est au
» moyen de conventions qui consacrent son droit
» de propriété et qui le garantissent de la contre-
» bande, en pourvoyant au maintien des droits
» fiscaux et de la police de la navigation.

» Dans l'opinion du gouvernement impérial,
» l'acte du congrès de Vienne, cité par M. Trous-
» dale, constitue un simple droit conventionnel,
» qui oblige seulement les puissances qui y ont
» participé.

» Cet acte n'a pas été admis en Europe comme
» règle générale, et moins encore dans le reste du
» monde. Tout récemment l'Angleterre et la France
» ont reconnu par des traités que la navigation du
» Parana était une navigation intérieure appartenant
» à la Confédération Argentine en commun avec
» l'État oriental. »

Cette pièce remarquable a clos l'échange des notes : depuis lors, le silence s'est fait sur la question, et je ne sache pas qu'elle soit encore, à l'heure qu'il est, le prétexte à aucune agitation dans l'Amérique du Nord. Seulement il s'est passé depuis un fait assez curieux qu'il est bon de mentionner. Il y a environ un an, des bruits parvinrent au Brésil, annonçant qu'une expédition se préparait dans les ports de l'Union, que plusieurs navires étaient armés en guerre par des particuliers, et que cette expédition, analogue à celles qu'on avait dirigées contre Cuba, avait pour but avoué de pénétrer de vive force dans l'Amazone. Les renseignements transmis, soit officiellement, soit par la voie du commerce, avaient, au plus haut degré, le caractère de la certitude. Aussi le président de la province de Para, M. le colonel Rego Barros, homme de sang-froid et d'énergie, s'empressa-t-il de prendre ses mesures pour bien recevoir ces audacieux pirates : on arma et on approvisionna les forts de l'embouchure; les fortifications de Belem, la ville la plus rapprochée de l'Océan, furent mises en état : la garde nationale fut armée et exercée. Bref, tout était prêt, on attendait les forbans de pied ferme; mais, avertis sans doute de l'accueil qu'on leur réservait, ils ne parurent pas, et le consul des États-Unis protesta, un peu tard, mais fort bruyamment, contre les intentions coupables qu'on prêtait à ses compatriotes. Le gouvernement fédéral s'empressa d'ailleurs de déclarer que le pavillon des États-Unis ne protégeait pas de telles entreprises. Tout cela est fort bien, mais reste à savoir comment les choses se se-

CHAPITRE QUATRIÈME.

raient passées si le gouvernement impérial n'avait pas été sur ses gardes, et si le Para avait eu un président moins précautionneux et moins résolu.

Je résumerai, en terminant, mes impressions sur cette grave affaire.

Le droit du Brésil est incontestable : il n'est pas besoin d'entasser les textes, il suffit du bon sens et de l'honnêteté la plus vulgaire pour dégager ce droit de toutes les arguties. Les eaux intérieures, fleuves, bras de mer même, sont la propriété exclusive de l'État qui possède les deux rives. Nul n'y peut pénétrer sans son consentement.

L'argument tiré du traité de Vienne est sans valeur aucune. Ceux qui disposaient alors des territoires pouvaient aussi régler souverainement certains droits de navigation. Le traité de Vienne a d'ailleurs le caractère d'une convention qui peut toujours modifier le droit. Il a consacré la règle, en proclamant l'exception.

Ainsi, le gouvernement du Brésil avait pleinement le droit de refuser l'entrée de l'Amazone au pavillon nord-américain. Il pouvait plus : il était libre de n'admettre dans la partie du fleuve qui lui appartient aucun des pavillons des nations sud-américaines qui l'avoisinent. Il ne l'a pas fait, et il a bien fait.

A-t-il été également bien inspiré en refusant l'entrée du fleuve aux autres nations maritimes? Oui, si c'est là une mesure temporaire; non, si ce devait être une résolution définitive.

Les bords de l'Amazone ne sont pas peuplés sur toute la partie du fleuve qui appartient au Brésil : ils sont plus déserts encore dans la portion qui appartient au Pérou. Les faits exposés dans le *memorandum* qu'on vient de lire donnent sur ce point des éclaircissements péremptoires.

Je ne reviens pas sur les conséquences que le *memorandum* tire de cet état de choses, mais j'ajoute ce qui me frappe surtout dans la question telle qu'elle était engagée et ce qu'un document de cette nature ne pouvait dire :

Partout où la nation nord-américaine a cru qu'il était de son intérêt de prendre pied, elle a toujours procédé de la manière suivante : elle a envoyé en avant ses éclaireurs, ses pionniers, dans le pays qu'elle voulait usurper, et quand les Anglo-Saxons se sont trouvés en nombre, un effort a suffi pour opérer une révolution, et l'annexion a été prononcée. Ce qu'ils ont fait pour le Texas, les Américains du Nord l'auraient tenté pour le bassin de l'Amazone, si on n'eût pas arrêté leur marche et dérangé leurs plans.

Donc le Brésil, sous peine de s'exposer à des embarras, à des luttes, à des périls très-graves, devait agir comme il a agi.

Mais il ne suffit pas au Brésil d'avoir détourné

un danger, il faut qu'il accomplisse lui-même cette œuvre de civilisation que l'Amérique du Nord poursuit, souvent d'une façon brutale, odieuse, attentatoire aux droits d'autrui, mais que son indomptable énergie accomplit toujours. Il faut qu'il fasse jouir le monde entier des richesses que renferme cette immense et magnifique vallée de l'Amazone, en la peuplant de vigoureux travailleurs.

Le gouvernement impérial est entré dans cette voie, et ses actes prouvent qu'il est pleinement résolu à faire tous les sacrifices que son devoir et son intérêt lui imposent pour la parcourir jusqu'à ce qu'il ait atteint le but. Déjà des colons arrivent sur les bords de l'Amazone, et avant peu d'années douze centres de population, d'origine européenne, animeront le grand fleuve, portant la hache au sein de ses forêts contemporaines de la création, et cultivant ces champs féconds que jamais la main de l'homme n'a retournés.

Dès que ces préliminaires de colonisation seront accomplis, dès que les droits du gouvernement du Brésil se seront fortifiés par l'adhésion des populations nouvelles, dès que le pouvoir se sera partout régulièrement organisé, dès que la terre aura des maîtres qui l'auront domptée à la sueur de leur front, alors le Brésil pourra et devra, sans danger aucun, ouvrir son fleuve majestueux à la navigation de tous les peuples, car c'est à la liberté qu'il appartient de développer les germes de prospérité que l'action tutélaire du pouvoir aura semés sur ces rives.

CHAPITRE CINQUIÈME.

LA COLONISATION.

Civilisation par le travail de l'homme. — Supériorité de la race européenne. — Besoin de colonisation pour l'Amérique méridionale, dépourvue d'habitants. — Efforts du Brésil pour remplacer le travail esclave par le travail libre. — Première période de la colonisation. — Initiative du gouvernement. — Nouvelle Fribourg. — Colonie de Saint-Léopold. — Petropolis. — Seconde période. — La colonisation par les particuliers. — Colonie Vergueiro. — Système de *parceria*. — Les colons acquéreurs du sol. — Colonie de dona Francisca. — De don Pedro d'Alcantara. — Colonie Blumenau. — La propriété de la terre au Brésil. — Usurpations sur le domaine public. — Les *sesmarias*. — Loi du 18 septembre 1850. — Mesurage, division et démarcation des terres. — Direction générale des terres publiques. — Règlement du 30 janvier 1854. — Explications officielles sur ce règlement. — Premiers travaux de la direction générale des terres. — Documents fournis par les présidents des provinces. — Essais de colonisation par les Chinois. — Inconvénients signalés. — Les colonies militaires. — Les villages ou *aldéas* d'Indiens. — Dépérissement et extinction graduelle de la race rouge. — Opinion du président de la province Sainte-Catherine sur les Indiens.

Nécessité bien comprise au Brésil de la colonisation sur une grande échelle. — Le moment est favorable. — Les préventions répandues en Allemagne contre la colonisation se dissipent. — Bon témoignage rendu par l'agent prussien au Brésil, M. Lievenhagen. — Temps d'arrêt de la colonisation nord-américaine. — Douze mille émigrés allemands retournent en Europe. — Désavantages du Brésil quant au prix du passage, quant à la durée de la traversée. — Moyens temporaires d'y remédier. — Subsides par le gouvernement ou par les provinces. — Moyens permanents. — Intervention des capitaux privés dans l'œuvre de colonisation.

Devoirs du gouvernement impérial. — Sécurité à donner aux colons. — Protection aux consciences. — Réformes dans les lois. — Exemption momentanée du service militaire. — Devoirs des administrations provinciales. — Routes et débouchés à ouvrir. — Bonne harmonie à maintenir dans les colonies. — Églises, temples, maisons d'école à élever.

Climats divers du Brésil et colonisations diverses. — Les populations méridionales de l'Europe propres à la colonisation des régions voisines de l'Équateur. — Les Européens du Nord et du Centre appelés à coloniser les zones plus tempérées. — Les Français colons possibles de ces contrées. — Courant établi entre le pays basque et les Républiques de la Plata. — Défaut absolu de sécurité. — Avantage pour nos compatriotes à s'établir dans la province de Rio Grande do Sul.

Utilité d'une grande association à Rio pour l'œuvre de la colonisation générale.

Un sol fertile, un ciel splendide et vivifiant, un climat salubre, sont pour un pays des conditions essentielles, des gages assurés de prospérité; mais ces conditions ne suffisent pas, ces gages ne donnent pas ce qu'ils promettent si le travail ne vient féconder les dons magnifiques de la Providence; et le travail, c'est l'homme. Sans la main de l'homme civilisé, ces terres privilégiées demeurent condamnées à une stérilité relative, et leur luxuriante végétation ne livre aux pénibles recherches du commerce qu'une part infiniment réduite des produits spontanés du sol, produits à l'état sauvage, comme les hôtes féroces dont ces contrées sont le domaine.

Il faut donc que l'homme intervienne pour glorifier Dieu et mettre à profit les bienfaits d'en haut, en arrosant la terre de ses sueurs. La vieille Europe, avec ses froids hivers, avec les frimas où l'ensevelit l'haleine glacée des pôles, avec ses montagnes arides et ses plaines qu'une culture opiniâtre a pu seule rendre fécondes, la vieille Europe n'est ce qu'elle est que par l'énergie active de l'homme. La loi du travail que lui inflige sa destinée n'a pu être un seul instant éludée et méconnue sous ces zones rigides où le travail est la condition *sine quâ non* de l'existence. Un rude et patient labeur, guidé par l'intelligence la plus exercée, a fait de l'Europe, cette si petite et si ingrate portion du globe, la tête, le cœur et le bras de l'humanité. Là se trouvent toute civilisation, toute science, tout bien-être; là se trouve aussi, au plus haut degré, cette moralité qui se puise dans la conscience de la valeur de l'homme et dans le respect de la dignité humaine.

Ce qui constitue vis-à-vis de l'Europe l'état d'infériorité des vastes continents de l'Amérique méridionale et centrale, comme de l'Asie et de l'Afrique, c'est que l'homme y manque, ou bien que l'homme, n'ayant guère de besoins que la nature ne satisfasse spontanément, s'astreint médiocrement à la loi du travail. La supériorité de l'Europe dans le monde, c'est la supériorité de la race européenne. La transformation qui s'est opérée dans l'Amérique du Nord témoigne déjà de cette vérité, qui se confirmera mieux encore quand de nouveaux et nombreux exemples auront démontré que l'Européen, ayant de plus amples et de plus divers besoins à satisfaire, travaille résolûment sous toutes les zones.

L'Amérique méridionale, si on considère l'immensité de son territoire, est presque entièrement dépourvue d'habitants; c'est à peine si, sur les côtes de l'Atlantique et du Pacifique, jusque vers le 40° degré de latitude sud, s'éparpille une population clair-semée. L'intérieur, sauf bien peu d'exceptions, est livré à ce qui reste des races rouges d'Indiens, anciens possesseurs du pays, les uns non pas civilisés, mais jusqu'à un certain point domptés et *domestiqués*, les autres, abrutis, féroces, vivant de chasse, de pêche, et plus volontiers encore de brigandages, tous fatalement destinés à disparaître, tant est rapide la dépopulation de leurs misérables tribus. Partout, dans ces contrées bénies du ciel, l'homme fait défaut, et partout les gouvernements, organes des besoins sociaux, appellent de leurs vœux et de leurs efforts la colonisation.

Je n'ai à parler ici que du Brésil, qui, d'ailleurs, par l'étendue de son territoire, par sa population, par la solidité de son gouvernement, tient sans conteste le premier rang parmi les nouveaux États de l'Amérique méridionale.

Pour le Brésil, la colonisation est un besoin plus urgent encore que pour les Républiques qui l'avoisinent. Comme à celles-ci, il lui faut des colons pour mettre en valeur des terres d'une fertilité prodigieuse et qui demeurent stériles faute de bras; mais une circonstance exceptionnelle qui tient à son organisation sociale lui fait de la colonisation une nécessité absolue. Le Brésil est un pays à esclaves : presque toute son agriculture est aux mains des noirs d'Afrique. Or, comme on l'a vu dans les chapitres qui précèdent, l'Empire a très-sincèrement et très-péremptoirement répudié l'odieux trafic des noirs, à l'aide duquel se recrutaient les travailleurs de la terre. Sans la traite qui l'alimente, la population noire esclave s'amoindrit et tend peu à peu à s'éteindre ; c'est une règle générale qui ne souffre guère d'exception que dans quelques États à esclaves de l'Amérique du Nord. Malgré le soin que prennent de leurs noirs les planteurs brésiliens, soit en modérant leurs travaux, soit en s'abstenant presque toujours de châtiments corporels, soit en réglant avec une humanité intelligente leur régime hygiénique et alimentaire, il est fort douteux que le Brésil échappe à la règle commune. D'ailleurs, s'il est certain qu'en ce moment l'abolition de l'esclavage tarirait toutes les sources de la richesse agricole et serait pour l'Empire un immense bouleversement, sinon un suicide, il est permis de désirer et d'espérer qu'un jour viendra où la terre du Brésil ne portera plus que des hommes libres. Pour préparer ce jour, pour le hâter, il faut que les colons affluent sur le sol de l'Empire ; il faut qu'à la force physique des nouveaux travailleurs vienne s'ajouter, comme tout-puissant expédient, l'intelligence raffinée de l'Europe, qui supplée aux bras par les machines dans les labeurs trop ardus, et qui, au besoin, sait modifier les cultures, pour obtenir de plus riches produits avec une bien moindre dépense de forces humaines.

Le Brésil aspire donc à développer chez lui la colonisation sur une grande échelle. Pour atteindre ce but, qu'a-t-il fait, que fait-il, que compte-t-il faire?

Le passé de la colonisation du Brésil n'est pas brillant (je range dans la catégorie du passé tous les faits antérieurs aux dix dernières années). Pour un succès magnifique, obtenu, il est vrai, au prix d'énormes sacrifices pécuniaires, l'affaire de la colonisation compte beaucoup de résultats incomplets, des échecs et même de véritables déroutes. A ces déceptions il y a eu deux causes : d'une part, l'intervention trop directe du gouvernement dans les premières entreprises, et le gouvernement, toujours et partout moins bien servi que les particuliers qu'aiguillonne l'intérêt personnel, se laisse aisément capter par les esprits chimériques, ou par les spéculateurs qui cherchent à faire leurs affaires et non les siennes; d'autre part, la situation de l'Europe, où le goût de l'émigration ne s'était pas encore développé et où n'ont apparu que peu à peu ces nécessités sociales qui, affaiblissant par degrés l'amour du sol natal, ont poussé irrésistiblement les masses souffrantes du vieux monde vers les aventures du monde nouveau, ouvrant à travers l'Atlantique un courant qui s'élargit de jour en jour.

C'est du règne du roi Jean VI que datent les premières tentatives de colonisation. Seize cent quatre-vingt-deux Suisses furent engagés par le gouvernement de ce prince, en 1819, et vinrent fonder la colonie de la Nouvelle-Fribourg, dans la province de Rio Janeiro; trois cent quarante-deux Allemands renforcèrent peu de temps après ce premier noyau. Voici en quels termes un document distribué aux Chambres brésiliennes dans la dernière session [1] résume le passé et le présent de cette colonie, la doyenne de l'Empire :

« Mal dotée de terres, la colonie de la Nouvelle-
» Fribourg, dès son établissement même, vit com-
» mencer l'émigration de ses habitants, au point
» qu'en 1825 on constatait déjà que non moins de
» six cent quarante-cinq colons l'avaient abandon-
» née. Ceux qui la quittèrent se mirent en quête de
» terres plus fertiles sur les divers points de la pro-
» vince où ils s'établirent, et où beaucoup d'entre
» eux sont aujourd'hui de riches cultivateurs (*fa-
» zendieros*); ceux qui restèrent dans la colonie,
» s'ils ne réussirent pas aussi bien, ont su cependant
» se créer généralement une situation heureuse; ils
» vivent dans l'aisance, quelques-uns même dans la
» richesse. Aujourd'hui on ne les regarde plus comme
» des colons; ils font partie de la ville et munici-
» palité de la Nouvelle-Fribourg. »

[1] *Relatorio de repartiçao geral das terras publicas,* Rapport de la direction générale des terres domaniales.

Le résultat de l'entreprise, qui a coûté des sommes folles, n'a pas été complétement nul. Le Brésil y a gagné une ville assez mal située, il est vrai, comme centre de culture, et d'excellents travailleurs qui ont su faire leurs propres affaires. Mais le gouvernement voulait une colonie agricole, et il n'a pu parvenir à la fonder.

La raison de l'insuccès, c'est le mauvais choix des terres qui étaient impropres à la culture, et certes il est évident que si un entrepreneur eût été chargé de l'affaire à ses risques et périls, il eût été plus clairvoyant. Avec de bonnes terres, la Nouvelle-Fribourg eût parfaitement réussi; car même à cette époque, une autre tentative du gouvernement, où cette condition capitale ne faisait pas défaut, a eu un plein succès. Je veux parler de la colonie de Saint-Léopold, dans la province de São-Pedro, ou Rio Grande do Sul. Voici comment s'exprime sur cette colonie le document cité plus haut :

« Elle a été fondée au commencement de 1825
» par ordre et aux frais du gouvernement. Parfaite-
» ment bien située et largement aidée par les cof-
» fres publics, cette colonie a toujours été en grand
» accroissement; elle est la première en richesse et
» en population de toutes celles qui existent dans
» l'Empire.

» Depuis 1825 jusqu'en 1853, 1,300 familles

» ont été introduites à Saint-Léopold, composées
» de 6,145 individus, qui, avec 1,347 célibataires,
» forment un total de 7,402 personnes. Les dé-
» penses faites pour cette colonisation dans l'espace
» de sept années seulement, dont les comptes exis-
» tent, se sont élevées à environ 500 contos de reis
» (15 cent mille francs). A quel haut chiffre doit
» donc s'élever l'ensemble de la dépense pendant
» vingt-huit ans, de 1825 à 1852?

» Au 1er janvier 1854, il existait dans la co-
» lonie 11,172 habitants, dont 5,814 du sexe mas-
» culin et 5,358 du sexe féminin. 4,604 sont ca-
» tholiques et 6,508 protestants. On compte dans la
» colonie vingt et un édifices religieux, neuf con-
» sacrés au culte catholique et douze au culte pro-
» testant.

» Cette colonie continue à prospérer comme par
» le passé : sa production augmente tous les jours,
» et elle est devenue un véritable point d'attraction
» pour l'émigration spontanée. Malheureusement,
» elle n'a déjà plus de terres domaniales dans sa
» proximité pour l'établissement de nouveaux co-
» lons, et ceux-ci ont dû chercher à se caser dans
» quelques autres parties de la province. »

Il n'y a pas à insister sur la dépense quand la réussite est aussi heureuse et aussi éclatante. Mais il faut dire que la province de São-Pedro jouit de la température de Madère et du climat le plus doux et le plus salubre. C'est ce qui explique l'accroissement de sa population, qui s'est augmentée de plus d'un quart dans une moyenne de douze années. Du reste, sur une moindre échelle, presque toutes les colonies du Brésil présentent des résultats analogues, et le chiffre des naissances y est de beaucoup supérieur au chiffre des décès.

A côté des deux faits que je viens de mentionner, et qui témoignent tour à tour des échecs et des succès qu'ont éprouvés les tentatives de colonisation par le gouvernement, je citerai un troisième fait qui a un caractère tout particulier. A quelques lieues de Rio Janeiro, sur une montagne jusque-là couverte de forêts impénétrables, et qu'on appelle le *Corrego Secco*, s'élève aujourd'hui autour de la résidence d'été de l'Empereur une charmante cité où les riches habitants de Rio Janeiro ont leurs maisons de plaisance, et qu'un chemin de fer rapproche de la capitale. Cette ville, aujourd'hui peuplée de 5,257 habitants, n'existait pas en 1845; c'est l'empereur don Pedro II qui l'a fondée et qui lui a donné son nom; c'est son initiative souveraine qui a répandu la vie dans ces solitudes profondes en appelant des colons allemands pour les défricher et les peupler. La présence de la Cour au palais impérial de Petropolis pendant toute la saison chaude a groupé autour des émigrés allemands une population à peu

près égale en nombre à celle de la colonie, et tous les jours la ville prend de nouveaux développements. Quelques colons veulent de temps à autre tenter fortune dans la capitale; mais, au dire du président de la province de Rio Janeiro, dont j'ai le rapport sous les yeux, « ils sont bien peu nom-
» breux ceux qui, après s'être risqués dans ces
» aventures, ne reprennent pas le chemin de la
» colonie. »

Ici le but a été complétement atteint. L'Empereur a voulu ajouter à l'écrin des richesses naturelles de l'Empire un splendide joyau de la civilisation : Petropolis est le *Cintra* du Brésil. Obéissant aux instincts de sa race illustre, don Pedro II a placé, comme ses aïeux les Bragance, son aire d'aigle au sommet d'un mont qui domine sa capitale. Si c'est un luxe que le jeune prince a payé un peu cher, au moins ce luxe a-t-il des côtés utiles et grandioses.

Je n'insiste pas sur quelques autres essais auxquels le gouvernement a plus ou moins coûteusement concouru, et j'arrive à ce que j'appellerai la seconde période de la colonisation, celle où l'énergique initiative des particuliers a pris en quelque sorte la direction de ces entreprises, demandant peu, soit au gouvernement impérial, soit aux provinces, souvent ne demandant rien et atteignant presque toujours son but.

C'est dans ces dernières années surtout que la colonisation privée a pris des développements considérables, et presque sur tous les points les entreprises de ce genre ont réussi. L'impulsion a été donnée par un des personnages les plus considérables de l'Empire, par un ancien ministre, M. le sénateur Vergueiro, propriétaire d'immenses domaines dans la province de Saint-Paul. Voici en quels termes le document dont j'ai déjà cité quelques extraits s'exprime sur la colonie Vergueiro :

« Elle a été fondée, en 1847, dans le domaine
» d'Ybicaha, appartenant au sénateur Percira de
» Campos Vergueiro. Cette colonie est la première
» qui s'est établie dans l'Empire d'après le système
» de *parceria* (participation). Les persévérants efforts
» de son entrepreneur, soutenus par le gouverne-
» ment impérial et plus tard par l'Assemblée pro-
» vinciale de Saint-Paul, l'ont élevée à un degré de
» prospérité qui lui donne le premier rang entre
» toutes celles qui ont été fondées sur le mode de
» *parceria*. Comme les autres, elle a eu quelques
» embarras à ses débuts, mais ils ont été surmontés
» promptement et n'ont pu causer le moindre pré-
» judice à l'entreprise. Aujourd'hui cette colonie
» ne sert pas seulement d'aiguillon aux établisse-
» ments analogues, elle leur sert encore de régu-
» lateur, et ses habitants, justes appréciateurs du

» pays et des ressources qu'il leur offre pour remplir
» leurs engagements et satisfaire leurs besoins, ser-
» vent de guides à leurs compatriotes nouveaux dé-
» barqués et les désabusent des faussetés qu'on
» répand en Allemagne pour contrecarrer l'émi-
» gration.

» De 426 colons avec lesquels elle a commencé,
» cette colonie est arrivée à en compter jusqu'à
» 900. Ses colons sont aujourd'hui au nombre de
» 671.

» Un grand nombre de familles, ayant déjà payé
» la totalité de leur dette, se sont retirées de la co-
» lonie, et plusieurs d'entre elles sont parties avec
» un capital suffisant pour acheter des terres dans
» lesquelles elles se sont établies.

» On ne doit pas omettre, à l'honneur de cette
» compagnie et du système suivi, que, dans l'année
» 1853, trente et une familles s'étant retirées après
» avoir payé leur dette, quatre de ces familles jugè-
» rent qu'il était de leur intérêt de revenir dans la
» colonie, où elles furent reçues aux mêmes con-
» ditions que par le passé.

» La culture de la colonie est le café, qui est d'ex-
» cellente qualité et fort abondant, grâce à l'extrême
» fertilité du sol. »

Le système de *parceria* est fort connu en France,
et il est presque exclusivement pratiqué dans nos

départements du Midi. Le colon partiaire partage avec le propriétaire du sol les produits de la récolte. Au Brésil, le colon engagé est tenu, comme la justice et son contrat l'exigent, à rembourser sur la part qui lui revient les avances que lui a faites le propriétaire entrepreneur. Ce passif du colon se compose du montant du prix de la traversée jusqu'au Brésil, des frais faits, au Brésil même, pour transporter les familles et leurs bagages jusqu'à la colonie, enfin des frais de nourriture et d'entretien jusqu'à l'époque où la première récolte est vendue, ainsi que des avances postérieures que pourrait rendre nécessaires l'insuffisance des premières récoltes. Cette dette est quelquefois assez forte, mais les produits du sol sont riches, et généralement partout où les terres sont bonnes et les colons laborieux, la dette est éteinte dans un délai de peu d'années. La retenue annuelle est limitée de manière à laisser largement au travailleur de quoi subvenir à ses besoins, et souvent il arrive que le colon, ayant hâte de se libérer, consacre à l'extinction de sa dette une portion de ce qu'il doit toucher personnellement sur la vente des produits. Du reste, l'autorité générale et provinciale a pris toutes les précautions nécessaires pour sauvegarder l'intérêt des travailleurs émigrés : elle vérifie et contrôle l'état des dettes de chaque colonie, et les documents distribués, soit au Parlement impérial, soit aux Assemblées des provinces, détaillent annuellement, par des chiffres précis, les exonérations successives des colons. Presque partout ces dettes s'atténuent ou s'éteignent régulièrement et avec rapidité.

Il y a au Brésil un autre système de colonisation plus particulièrement en usage dans les provinces du Sud, et qui devra prendre une extension considérable quand recevront leur pleine exécution les mesures capitales décrétées par le gouvernement impérial, et dont j'aurai à parler tout à l'heure. Dans ce système, le colon achète la terre avec des termes pour la payer, il la cultive pour son compte, sous la surveillance du propriétaire ou de son agent; il se libère tout à la fois par son travail des dettes analogues à celles que contracte le colon partiaire et du prix même du terrain qu'il a acquis. La libération est laborieuse, mais la certitude de devenir, à une époque que ses efforts rapprochent chaque jour, propriétaire du sol qu'il cultive, soutient le courage du colon, en éveillant en lui cette passion innée du travailleur des champs pour la pleine possession de la terre arrosée de ses sueurs, et le rattache invinciblement à sa nouvelle patrie.

Parmi les colonisations les plus récentes de cette catégorie, j'en ferai connaître une seule, qui a déjà pris de très-grands développements, et qui est appelée au plus riche avenir : c'est la colonie de *Dona Francisca*. Ici encore je laisse parler le document distribué aux Chambres brésiliennes, qui fournit les renseignements les plus authentiques :

« La colonie de Dona Francisca a été fondée sur
» des terres appartenant à la dot de la sérénissime
» princesse de Joinville, et qui ont été cédées par
» elle et par son auguste époux, sous la condition
» d'y introduire et d'y établir un nombre déter-
» miné de colons européens, à une Société de colo-
» nisation fondée à Hambourg, en 1849, sous la
» présidence du digne sénateur Schrôder. Les tra-
» vaux pour la fondation de la colonie com-
» mencèrent en 1850, dans le territoire de San-
» Francisco, sur la rive droite du Rio Cachoeira, au
» confluent du lac Sagassu et tributaire du Rio
» San-Francisco, à cinq lieues de la cité du même
» nom.

» Le 7 mars 1851, arrivèrent les premiers émi-
» grés allemands et suisses, à bord du navire *le*
» *Colon*, et bientôt après se réunirent à eux soixante-
» quatorze Norvégiens qui, passant à Rio, en desti-
» nation de la Californie, préférèrent se rendre à
» San-Francisco du Sud.

» Dans le mois d'avril suivant, ils entrèrent en
» possession des terres qui leur avaient été promises.

» Le nombre des colons augmenta progressive-
» ment, au point qu'en décembre 1854 le nombre
» total des individus entrés dans la colonie s'élevait
» à 1,512, ainsi répartis dans les quatre années :

CHAPITRE CINQUIÈME.

» En 1851. 484
1852. 409
1853. 124
1854. 495

Total. 1,512

» De ces 1,512 personnes, 111 moururent, 252 se
» retirèrent, et, à cette époque de la fin de 1854,
» il existait dans la colonie 1,194 individus [1] en y
» comprenant 45 enfants, nés dans les trois der-
» nières années. Dans ce chiffre on compte 663 per-
» sonnes du sexe masculin et 531 du sexe fé-
» minin.

» La colonie se divise en trois districts : Join-
» ville, Cachoeira, les Eaux-Vermeilles. Le district
» de Joinville, centre de la colonie, compte trente-

[1] Les renseignements officiels s'arrêtent au 1er janvier 1855. Mais dans le courant de cette même année, 300 nouveaux colons allemands ont débarqué à Dona Francisca, et le chiffre de la population dépasse aujourd'hui 1,500.

La Société de Hambourg avait ainsi rempli les clauses de son contrat. Mais le succès de l'entreprise constaté par la prospérité de la nouvelle colonie a engagé le prince de Joinville et les capitalistes hambourgeois à la continuer sur une plus grande échelle. Le capital social a été augmenté par l'émission de nouvelles actions qui ont été prises par le fondé de pouvoirs du prince, M. Aubé. A la suite des nouveaux arrangements, M. Aubé est devenu un des directeurs, et a été spécialement chargé de l'administration de la colonie au Brésil.

» neuf maisons habitées et un grand nombre en
» construction : il y a cent soixante maisons habi-
» tées dans toute l'étendue des divers districts.

» La colonie compte un certain nombre de mai-
» sons de commerce avec magasins d'étoffes, de
» quincaillerie, de denrées alimentaires, etc., ainsi
» que deux fabriques de cigares, trois boulangeries,
» trois boucheries, une fabrique de liqueurs, une
» de bière, deux de tuiles, une de poterie, deux
» moulins à maïs, cinq usines à sucre, seize ma-
» chines à moudre le manioc, deux presses à huile
» et deux moulins à moudre le manioc.

» Parmi les colons, on trouve des tanneurs, des
» forgerons, des charpentiers, des menuisiers, des
» ferblantiers, des cordonniers, des tailleurs, des
» potiers. Les terres de la colonie sont très-fertiles ;
» elles produisent abondamment le café, la canne à
» sucre, le ris, les haricots, le maïs, le manioc, les
» patates, le tabac et autres denrées du pays. Elles
» fournissent aussi beaucoup de végétaux et fruits
» d'Europe, quand ils ont été cultivés avec soin.

» Les colons vivent satisfaits et dans l'abondance,
» et ils peuvent compter sur un riche avenir. La
» ville de San-Francisco a aussi singulièrement
» gagné avec eux ; elle était une des plus pauvres
» parties de la province, elle sera bientôt une des
» plus prospères. »

J'aurais pu, en m'appuyant sur les mêmes documents, donner des renseignements analogues sur d'autres établissements coloniaux créés aussi d'après le système de la vente des terres et qui sont également en voie de progrès rapide, notamment celui de don Pedro d'Alcantara et celui qui porte le nom de son fondateur, le docteur Hermann Blumenau; mais ces détails fatigueraient le lecteur par la monotonie des redites, et je me borne à constater ici qu'à très-peu d'exceptions près, toutes les entreprises de ce genre où l'intérêt privé est fortement engagé ont été couronnées de succès. Les renseignements statistiques sur la population des colonies ne sont pas tout à fait complets, mais d'après les chiffres donnés par les tableaux officiels, on peut évaluer cette population à vingt mille âmes. Il n'est pas nécessaire de faire remarquer que ce chiffre ne s'applique qu'aux individus habitant les centres coloniaux, aux travailleurs de la terre et aux ouvriers professant des industries accessoires à la culture, et qu'il ne comprend pas par conséquent le chiffre beaucoup plus considérable des commerçants et artisans étrangers qui ont fixé leur résidence au Brésil.

C'est bien peu que ces vingt mille colons pour la vaste étendue de l'Empire brésilien, mais on a vu tout à l'heure, dans la notice qui concerne la colonie de Saint-Léopold, que sur ce point la terre manque déjà aux colons : et ce n'est pas là seulement, c'est presque partout qu'a apparu cet obstacle. Rien, de prime abord, ne paraît plus étrange : le Brésil, ce vaste Empire, dont la centième partie même n'est pas cultivée, n'aurait plus de terres à livrer aux mains des défricheurs! Cela est cependant, ou plutôt cela a été; car, grâces aux mesures prises par le gouvernement, cet état de choses va disparaître. Mais voici le mot de l'énigme. Jusqu'à ces derniers temps, le domaine public était presque partout enchevêtré dans le domaine privé. Aucun travail officiel n'avait été fait pour distinguer dans la propriété du sol ce qui était à l'État et ce qui était aux particuliers, et comme l'intérêt individuel, en face d'un intérêt public mal défendu obéit volontiers à ses instincts d'envahissement, les prétentions les moins fondées extorquaient incessamment au domaine les terres susceptibles d'exploitation. Une circonstance exceptionnelle, tenant à l'organisation économique du pays, aggravait encore les complications. Dès l'origine de la prise de possession du Brésil, des terres avaient été concédées par les rois de Portugal, les unes à titre définitif, et la propriété de celles-là est hors de conteste; les autres à titre précaire, et sous la condition expresse de les cultiver dans un certain délai. Ces sortes de concessions, fort nombreuses au Brésil, s'appellent des *sesmarias*. Or ces *sesmarias* sont demeurées presque partout sans exploitation, et l'État, en vertu même du titre qui les concède, est en droit de les revendiquer.

Une grande mesure était donc nécessaire pour dégager le domaine de l'État, et pour le remettre libre et disponible aux mains du gouvernement, qui, dans l'intérêt de tous, pourrait ainsi donner une impulsion vigoureuse à la colonisation en offrant ces terres, à des prix infiniment réduits, aux émigrés d'Europe.

C'est là l'œuvre qu'a accomplie la loi du 18 septembre 1850, et c'est de cette loi que date la période d'avenir de la colonisation brésilienne.

Elle établit au Brésil un véritable cadastre; elle prescrit le mesurage, la division et la démarcation des terres incultes : elle indique les moyens d'arriver à séparer le domaine public du domaine privé, et détermine le prix auquel devront être vendues les terres appartenant à l'État. Pour atteindre le but qu'elle poursuit, la loi de 1850 autorise le gouvernement à créer une administration spéciale des terres publiques, chargée de diriger ces opérations, de conserver, de surveiller et de vendre les terres domaniales, enfin de développer la colonisation nationale et étrangère, et de formuler les règlements nécessaires à cet objet.

Un décret impérial du 30 janvier 1854 a pourvu à ces exigences en instituant la direction générale des terres publiques et en promulguant un règlement général, en exécution de la loi du 18 septembre 1850.

Le sens et la portée de ce règlement sont indiqués avec une parfaite précision dans le document suivant, émané d'une source officielle, et qui a déjà reçu en Europe une certaine publicité :

Réflexions sur le règlement pour l'exécution de la loi du 18 septembre 1850 relative au mesurage des terres en friche, ainsi qu'à la colonisation au Brésil.

Le problème dont le gouvernement et le Corps législatif du Brésil se sont occupés pendant plusieurs années est sans contredit de ceux qu'il est difficile de résoudre d'une manière satisfaisante. En 1843, le conseiller d'État Joaquim José Rodrigues Torres présenta à la Chambre des députés, dont il faisait alors partie, un projet de loi pour distinguer les terres appartenant aux particuliers des terres qui appartiennent au domaine de l'État, et pour mesurer ces dernières et procéder à leur démarcation en petits lots, afin qu'elles soient vendues à un prix fixe et peu élevé, rendant ainsi possible le système qui aux États-Unis a tant favorisé la colonisation. Ce n'est que vers la fin de la session de 1850, et après de longues discussions à la Chambre et au Sénat, que la loi du 18 septembre 1850 fut adoptée ; mais son exécution dépendit d'un règlement qui devait être promulgué par le gouvernement.

Plusieurs commissions, composées de personnes dont les lumières et l'expérience des affaires étaient reconnues, travaillèrent, ainsi que le Conseil d'État, à la confection de ce règlement ; il y eut tant de difficultés à vaincre, tant d'intérêts légitimes à ménager, que le travail ne put être présenté qu'en août 1853.

CHAPITRE CINQUIÈME. 205

Ce projet de règlement, étudié et corrigé par le gouvernement, fut ultérieurement approuvé par un décret impérial, n° 1318, du 30 janvier 1854.

Ainsi les opérations nécessaires pour le mesurage, la démarcation et la description des terres nationales vont commencer prochainement; des ordres à cet effet ont déjà été expédiés aux provinces, et sous peu (un an au plus) divers lots dans différentes provinces seront mis en vente.

La loi et le règlement ont créé une administration centrale qui fonctionne déjà, avec des succursales dans chaque province, pour le mesurage et la vente des terres nationales, et dans le but d'encourager la colonisation.

Le directeur général en personne et ses délégués dans les provinces dirigent le service et en ont l'inspection, en étant toutefois subordonnés au ministre de l'intérieur. Le gouvernement, de son côté, attache une telle importance à cette nouvelle administration, qu'il a mis à sa tête un sénateur[1] qui pendant ces cinq dernières années a rempli les fonctions de ministre de la guerre, et qu'il a nommé en outre comme chef de secrétairerie[2] un des députés qui ont le plus étudié les questions de colonisation après avoir pris part aux discussions y relatives.

Le règlement a respecté tous les droits acquis; les particuliers qui par quelque titre légitime possèdent des terres continueront à en jouir, sans dépendance de nouveaux mesurages et de nouveaux titres; il leur reste toutefois le droit de les faire mesurer et de faire procéder à leur démarcation en tout temps par la voie des autorités judiciaires compétentes; et une fois la sentence de mesurage obtenue, les brevets respectifs leur seront expédiés par l'administration des terres.

Ceux qui possèdent des terres à titre seulement de les occuper et de les cultiver sont obligés de requérir la légitimation de leur possession, qui se fait administrativement par

---

[1] M. Manoel Felizardo de Souza e Mello.
[2] M. Bernardo Augusto Nascentes de Azambuja.

des employés nommés par le gouvernement. Les questions de fait qui pourraient survenir seront résolues par des arbitres choisis par les parties intéressées; les autres différends par ces employés, avec appel de leurs décisions aux présidents des provinces, et ensuite au gouvernement impérial.

Le règlement a si libéralement pris en considération les intérêts des possesseurs originaires, que non-seulement il leur reconnaît la propriété du terrain qu'ils auraient cultivé, faveur très-grande que le droit appelé d'achat antérieur a admise aux États-Unis, mais encore il leur a concédé gratuitement un rayon de terres nationales contiguës équivalant à celles qu'ils ont fait valoir, pourvu que leur totalité ne soit pas plus grande qu'une *sesmaria*. Les *sesmeiros* originaires qui n'auraient pas satisfait aux conditions de la concession des terres sont obligés de les faire valider de nouveau dans un délai fixe, et ces mêmes employés nommés par le gouvernement sont chargés de cette commission.

Malgré l'extrême libéralité qu'on a montrée envers tous les possesseurs et *sesmeiros*, il reste encore des terres vastes et fertiles sous des climats variés et salubres, sur les bords ou dans le voisinage de grands fleuves navigables, ou de ports de mer, lesquelles appartiennent au domaine public et vont être divisées en lots de 250,000 brasses carrées ou 226 ares, et mises en vente aux enchères ou à l'amiable, comme il sera plus convenable, et aux prix minimes de 1/2 réal, 1 réal, 1 1/2 réal et 2 réaux la brasse carrée, ou à 553 rs., 1$106 rs., 1$659 rs., 2$212 rs. l'acre, selon la position et la fertilité desdits lots; prix très-inférieurs au minimum des États-Unis, qui est de 2$500 rs. ou 1 1/4 par acre.

Les terres vendues sont garanties non-seulement par la législation antérieure, mais encore, d'après le nouveau règlement, par les moyens rapides et peu dispendieux auxquels on peut avoir recours. Les juges municipaux condamnent de deux à six mois de prison et à une amende de 100$000 rs. les individus qui envahiraient les lots achetés, y mettraient le feu ou y couperaient du bois. Les juges de droit, dans les courses qu'ils sont obligés de faire, doivent veiller à ce que les juges municipaux remplissent leur devoir, et dans le cas où ils les trouveraient en défaut, les condamner à la prison et à l'amende. Les délégués et subdélégués (agents de police existant dans les paroisses) reçoivent les plaintes et instruisent les procès; quand ils sont en défaut, ils sont punis eux-mêmes par les juges de droit.

Ainsi, outre les moyens de défense que fournit la législation antérieure, la propriété territoriale a reçu de la loi du 18 septembre 1850 une protection et une force nouvelles par le secours de l'action criminelle rendue plus expéditive.

Le colon qui achète un lot de terre, aux enchères ou à l'amiable, pour le quart de ce qu'il lui coûterait aux États-Unis, ne peut avoir aucune crainte d'être inquiété dans sa propriété; une simple plainte adressée au subdélégué qui demeure à peu de distance ou au délégué et au juge municipal suffit pour qu'il voie ses droits maintenus et ses agresseurs punis.

Si, d'après tout ce que nous venons de dire, toute la garantie désirable est donnée à ceux qui achèteraient des terres nationales, le prix pour lequel elles peuvent être acquises est si minime que, quoique le voyage d'Europe au Brésil soit plus cher que d'Europe aux États-Unis, le colon qui viendrait au Brésil et y achèterait un lot de terres ferait une économie de 115$000 rs. sur celui qui irait aux États-Unis et y achèterait le même rayon de terrain.

L'administration générale des terres publiques, ayant à encourager la colonisation nationale et étrangère, veillera par elle-même, et par ses délégués dans les provinces, à l'exécution des contrats que les colons auront faits avec les entrepreneurs; elle examinera si les conditions sont remplies, et elle cherchera, par l'entremise des autorités compétentes, à les faire respecter.

Il est naturel que dans peu de temps des sociétés plus ou

moins protégées et surveillées par l'autorité se chargeront de faire construire des maisons commodes, où, pour des prix raisonnables, les colons puissent être reçus et traités en attendant qu'ils se rendent à leur destination.

La vente des terres étant faite dans des délais fixes à l'enchère, et en tout temps à l'amiable, les colons apportant avec eux 175$000 rs. ou piastres 87,5 pourront acheter immédiatement 250,000 brasses carrées ou 226 acres; et s'ils ne veulent acheter que la moitié ou le quart de ce rayon, ils n'auront à dépenser que piastres 43,75, ou piastres 21,87 pour devenir propriétaires ruraux.

Comme il existe au Brésil une grande disproportion entre le travail et les bras, le salaire est naturellement très-élevé; aussi, soit que les colons s'engagent avec les fermiers pour cultiver les propriétés de ceux-ci, soit qu'ils s'occupent de tout autre manière, les colons qui arriveront au Brésil, même sans aucun capital, pourront, dans un espace de temps assez court, acquérir le nécessaire pour l'achat d'un lot de terre et des objets indispensables pour s'établir; ils deviendront alors propriétaires, et outre qu'ils seront habitués au climat, ils auront alors l'expérience nécessaire pour faire fructifier leur petite propriété.

Le système d'association, si injustement stigmatisé par quelques individus en Allemagne, a perdu les couleurs sombres que lui prêtaient les adversaires de la colonisation au Brésil. Si de tout temps le travailleur de bonne conduite a trouvé au Brésil du travail amplement récompensé, et qui en peu de temps l'a mis à même de ne plus être salarié, aujourd'hui que les terres mesurées, *démarquées,* garanties par le gouvernement, et d'une fertilité et d'une salubrité proverbiales, vont devenir d'une acquisition si facile, il est impossible que le travailleur assidu et de bonne conduite n'amasse pas en trois ans (plus ou moins) la somme nécessaire pour acquérir une propriété rurale d'une certaine étendue.

Le système d'association concourra donc avec efficacité et

promptitude à transformer d'honnêtes prolétaires de l'Allemagne en petits mais heureux propriétaires brésiliens; et l'augmentation progressive de leur fortune ne dépendra que de l'intelligence, de l'activité et de la moralité qu'ils déploieront. Le système d'association ne profitera pas seulement à cette nombreuse classe, digne des soins des gouvernements et des philanthropes ; il sera en outre avantageux aux petits cultivateurs qui végètent dans différents États européens sans espoir d'un meilleur avenir pour eux et dominés par la poignante conviction que le sort de leurs enfants sera encore moins heureux.

Les Allemands principalement, qui se conforment en peu de temps à nos usages et s'habituent à notre manière de vivre, quand ils auront passé deux ou trois ans dans des fermes où ils sont très-bien traités, car le caractère brésilien est généreux, hospitalier et humain; quand ils auront acquis l'expérience nécessaire du climat et de la culture du pays, ainsi que les fonds indispensables pour l'achat d'un lot de terre, ils le cultiveront, construiront une maison et prépareront de cette manière un établissement qu'ils pourront vendre avec profit à un émigrant récemment arrivé. Les colons faisant partie du système d'association au Brésil pourront être les *squatters* américains, qui, à peine possédant dans le principe une hache et une bêche, deviennent en peu de temps moins à des propriétaires plus ou leur aise, selon l'activité et l'intelligence qu'ils ont développées.

Si le climat du Brésil est excellent, surtout dans quelques provinces; si quelques-unes de ses terres donnent spontanément des produits de valeur en grande quantité; si l'agriculture récompense généreusement les fatigues du cultivateur, les émigrants ne doivent pas pour cela se faire illusion et nourrir de fantastiques espérances. Nulle part, dans les pays même les plus fertiles, on ne peut avoir d'aisance sans travail. Là où l'homme laborieux et rangé vit content et s'enrichit, l'homme paresseux et sans conduite, s'il ne meurt pas de faim et s'il ne craint pas que la subsistance lui manque, mène toutefois une vie malheureuse et méprisable.

Les colons ne doivent espérer en venant au Brésil que l'avantage d'un plus grand produit de l'industrie à laquelle ils se livrent. S'ils veulent posséder des terres qui les fassent vivre dans l'aisance, il faut qu'ils aient les habitudes des cultivateurs, qu'ils soient robustes comme eux, et qu'ils fassent tous les efforts nécessaires pour faire fructifier leurs domaines. La terre, en général, n'accorde ses faveurs qu'à ceux qui cherchent à les mériter par des soins assidus.

L'oubli de cette vérité a été cause de grands malheurs et d'un tardif repentir. Des artisans de villes manufacturières, et, ce qui est pire, des hommes sans aucune habitude de quelque travail utile que ce soit, bercés par la flatteuse illusion de pouvoir, sans effort, jouir de toutes les commodités des anciennes sociétés dans les terres fertiles du nouveau monde, émigrèrent comme colons agriculteurs; arrivés à leur destination, ils trouvèrent la réalité, et les songes d'une vie heureuse et sans travail s'évanouirent; au lieu des jouissances qu'ils s'étaient imaginées, ils rencontrèrent une terre vierge qui n'attendait que des bras robustes et intelligents pour produire des récoltes abondantes. L'artisan qui ne s'est jamais servi de la hache, de la bêche ni de la charrue, qui ne connaît que les outils délicats de son métier ; le paresseux qui ne s'est livré à aucun genre d'industrie, ne savent pas changer l'aspect d'une localité, ni métamorphoser les belles, épaisses, mais jusqu'alors inutiles forêts et les vastes plaines en champs ensemencés de grains alimentaires, ou en culture de plantes intertropicales : de là le découragement, le repentir et les malheurs plus ou moins grands, suivant le degré de prévoyance et d'intelligence de ceux qui ont dirigé l'entreprise.

La colonie projetée de Korou, dans la Guyane française, est le type des entreprises mal combinées et mal dirigées, ainsi que de l'entraînement des hommes incapables pour les travaux de l'agriculture. Des émigrations à peu près semblables se répètent aujourd'hui sur une plus petite échelle: nombre considérable des individus qui vont tous les ans aux États-Unis mourraient de misère s'il n'existait pas des sociétés de bienfaisance qui viennent au secours des imprudents qui, sans aptitude naturelle et sans capitaux, se hasardent à rechercher ce pays; les prisons de New-York et d'autres villes attestent les erreurs d'une semblable émigration.

Si au Brésil ce douloureux spectacle ne s'est pas offert jusqu'à présent, cela dépend moins du petit nombre d'émigrants que de la facilité avec laquelle on y trouve les moyens de subsistance, et de ce que les colons y ont été, en grande partie, liés par des contrats et avec une destination déterminée. Il est vrai que beaucoup de ceux qui se sont engagés pour la culture des terres par le système d'association n'ont pas rempli les conditions de leurs contrats, soit qu'ils manquassent de moralité nécessaire, soit que, ayant toujours été employés à des travaux très-différents, le travail agricole leur répugnât. Il est très-fréquent de rencontrer parmi les colons engagés pour la culture des terres des étudiants, des imprimeurs, des horlogers, des coiffeurs, des tailleurs, et des personnes de professions analogues. De là principalement les plaintes des entrepreneurs contre les colons, et *vice versá;* de là les déclamations que l'on entend de temps à autre en Europe contre le système d'association. Tel fut le motif qui fit disparaître la colonie du Sahy du Dr. Mure, et quelques autres; mais les colons en les abandonnant ne sont pas morts de misère, ils ont toujours trouvé du travail bien rétribué.

Les corps allemands engagés en 1850 par le gouvernement brésilien sont très-réduits par les congés que les soldats, trouvant des moyens avantageux pour gagner leur vie, ont demandés, et qui ont été généreusement accordés par le gouvernement. Débarrassés du service militaire, ils se sont avantageusement employés à des professions manuelles, ou dans les colonies de la province de S. Pedro, et se félicitent aujourd'hui de la résolution qu'ils ont prise de venir au Brésil, où ils gagnent leur vie avec facilité, et où ils peuvent même amasser quelque argent, à l'exception seulement de quelques individus adonnés à la boisson ou de quelques paresseux. Si les colons qui sont venus au Brésil sans avoir les qualités requises pour devenir de petits cultivateurs n'ont pas souffert les fâcheuses conséquences qu'ils auraient souffertes dans d'autres pays, ceux qui dorénavant possédant ces qualités viendront au Brésil avec la certitude d'obtenir immédiatement et à très-bas prix des terres fertiles, mesurées, *démarquées* et bien garanties, pourront compter sur une fortune prospère et sûre, soit qu'ils apportent avec eux le petit capital nécessaire pour l'achat d'un lot de terre, soit qu'ils s'assujettissent à des contrats d'association, tout en amassant en même temps, outre l'expérience, le capital suffisant pour l'achat des terres où ils voudront s'établir. C'est donc vers le Brésil que doivent se diriger, avec le plus de probabilité de bons résultats, ceux qui ne peuvent ou ne veulent pas séjourner en Europe.

Cette grande administration de la répartition des terres publiques, placée sous les ordres du ministre de l'intérieur, M. Luiz Perdeira de Coutto Ferraz, a commencé à fonctionner depuis moins de deux ans, sous le titre de *Répartition générale des terres publiques*[1], et c'est aux documents communiqués par elle

[1] J'ai dit quelque part que le Brésil n'avait presque pas de bureaucratie : voici une des mille preuves que je pourrais donner. Cette direction générale qui, outre les attributions énumérées plus haut, est chargée d'administrer les colonies militaires et les villages d'Indiens, a pour tout personnel un directeur général, un secrétaire général, un procureur fiscal, deux chefs de section et quatre employés, en tout neuf

aux Chambres que j'ai fait divers emprunts sur la situation actuelle des colonies. Ses attributions sont nombreuses et très-variées, mais à en juger par l'activité avec laquelle elle centralise tous les renseignements et entame les travaux qui lui sont confiés, son zèle et son intelligence ne sont pas au-dessous de sa grande tâche.

Déjà l'œuvre de délimitation des terres est en pleine exécution. Quatre inspections générales ont été créées dans les provinces de l'Amazone, du Para, de Maranham et du Parana et leurs opérations sont commencées. Dans les autres provinces où l'urgence du travail est moindre, mais où cependant ont lieu des demandes de concession, on désigne sur-le-champ des ingénieurs pour opérer la délimitation. En effet, l'impulsion donnée à la colonisation a été singulièrement activée depuis les dernières mesures administratives. Sans parler de l'accroissement que va prendre la colonie de Dona Francisca, dont les entrepreneurs veulent élever la population à 6,000 âmes, les terres domaniales sont déjà vivement recherchées. Dans la province de Spiritu Santo, le major Gaêtano Dias da Silva a demandé à acheter au domaine une étendue de terres de vingt lieues carrées, sur le territoire d'Itapernerim et de

---

fonctionnaires, auxquels il faut ajouter un garçon de bureau et un portier. Avec la dépense du matériel, le tout coûte au trésor la somme annuelle de 66 mille francs.

Benevente, aux conditions de la loi de 1850, et à la charge par lui d'y établir, dans un délai de cinq années, sept cent vingt familles de colons. Le mesurage de ce terrain s'opère : il coûtera environ 30 mille francs au trésor public, qui recevra pour prix de la vente 270 mille francs.

Un travail semblable s'accomplit dans la province de Rio Grande do Sul, sur les bords du Rio Cahy, où le comte de Montravel, consul de France à Porto Allegre, s'est engagé à acheter un terrain en friche de seize lieues carrées, en s'obligeant à y établir, dans un délai de deux ans, au moins cinq cent soixante-seize familles de colons. Le mesurage des terres qui s'effectue n'excédera pas le prix de 24 mille francs, et la vente des terres s'élèvera à 216 mille francs. Dans la même province, un contrat a été conclu avec M. Henri de Vernejoul (un autre nom français) pour l'achat d'une lieue carrée de terres en friche, sur le territoire de Santo-Antonio de Patrulla, à la condition d'y établir trente-six familles au moins dans un délai de trois ans. Ces terres devront être également cédées après un travail de délimitation.

Tous les présidents des provinces ont été invités à faire connaître à l'administration générale l'état des terres en friche, et le parti qu'on en peut tirer pour la colonisation. Il résulte des informations qui ont été déjà recueillies pour treize provinces que partout les terres incultes abondent, que presque partout le sol de ces propriétés domaniales est couvert de forêts vierges, et par conséquent d'une extrême fertilité et merveilleusement propre à la colonisation. Les détails manquent pour les sept autres provinces, mais les présidents ont déjà sommairement répondu que les circonscriptions territoriales qu'ils administrent renferment en grande quantité des terres en friche excellentes pour la culture.

Parmi les attributions conférées à la direction générale des terres publiques se place, en première ligne, la surveillance assidue de la marche que suit le mouvement de colonisation, et les *Relatorio* annuels que doit soumettre à ce sujet aux Chambres le ministre de l'intérieur deviendront à la longue les archives statistiques du Brésil sur cette question capitale. Déjà le *Relatorio* de cette année enregistre un fait curieux. L'Europe est et doit être plus encore dans l'avenir la source principale, sinon unique, de la colonisation au Brésil. Cependant l'esprit entreprenant des Brésiliens a voulu expérimenter une autre voie. A l'exemple de la Californie et de l'Australie, il a tenté d'attirer vers l'Empire sud-américain une portion de la population exubérante de l'Empire du milieu. Le 9 février 1855, une barque américaine est entrée dans ce port, ayant à son bord trois cents Chinois venant de Sincapour,

en exécution d'un contrat conclu avec le négociant brésilien Manoel de Almeida Cardoso. « Ces tra-
» vailleurs, dit le directeur général dans son rapport
» au ministre, m'ont paru vigoureux, bien por-
» tants et aptes aux travaux agricoles ; mais quel-
» ques-unes des conditions de leur contrat sont
» telles, que les Chinois pourront être difficilement
» acceptés par nos propriétaires. »

M. Manoel Felizardé ne s'explique pas sur ces difficultés; mais dans une autre partie de son travail, il donne une raison d'avenir très-ingénieuse et très-sensée de son peu de goût pour la colonisation chinoise. Voici comment l'honorable directeur général s'exprime :

« Le climat de l'Empire est si divers, selon les
» provinces, et les productions agricoles y sont si
» variées, que dans quelques-unes et pour certaines
» branches de culture les travailleurs du centre et
» du nord de l'Europe peuvent difficilement être em-
» ployés ; or, les États méridionaux de cette partie
» du globe fournissent peu de travailleurs.

» Les habitants de quelques provinces du Céleste
» Empire sont peut-être les travailleurs qui con-
» viennent le mieux à ce genre de labeurs, et mal-
» gré les frais énormes que coûte leur transport, si
» on en amenait dans nos contrées comme on a
» fait dans d'autres pays intertropicaux, il y aurait

» profit pour nos grands agriculteurs, et principa-
» lement pour ceux qui se livrent à la culture de la
» canne.

» Mais les Chinois, bien que nécessaires et utiles,
» ne nous apporteraient aucun surcroît de connais-
» sances agricoles, de moralité et de civilisation, et
» dans aucun temps, quels que fussent le nombre des
» Chinois résidant au Brésil et leur prospérité, ils ne
» provoqueraient l'émigration spontanée de leurs
» compatriotes.

» Leur émigration sera toujours une charge
» énorme pour les coffres publics ou pour les parti-
» culiers, et dans ces conditions elle ne peut pré-
» senter des résultats satisfaisants. »

A la suite des renseignements qu'il fournit sur l'état des colonies agricoles de l'Empire, le *Relatorio* de la répartition des terres domaniales résume les détails recueillis par les présidents des provinces sur la situation des colonies militaires placées sur les territoires exposés aux incursions des Indiens, institution excellente, mais qui ne peut donner qu'à la longue les bons résultats qu'on est en droit d'en attendre. Il expose aussi l'état de l'œuvre de la catéchisation des Indiens eux-mêmes.

C'est triste à dire, mais il ne paraît pas que les efforts et les sacrifices faits pour plier la race rouge au joug de la civilisation aient jusqu'à présent ob-

tenu le moindre succès. Plus humains que leurs voisins les Espagnols, les conquérants Portugais n'ont pas fait des hécatombes des anciens possesseurs de la terre américaine; ils ont, dès leur arrivée au Brésil, travaillé avec une inébranlable persévérance à convertir les Indiens et à leur inculquer avec la foi évangélique les notions du *tien* et du *mien*, du juste et de l'injuste. Ils ont essayé de les parquer dans des villages (*aldeas*), où les soins spirituels des missionnaires et la généreuse assistance du gouvernement ne leur ont pas fait défaut. On leur a bâti des églises, on leur a même ouvert des écoles. Ces soins charitables ont avorté à peu près partout, et le sentiment des hommes éclairés du Brésil sur les Indiens est fidèlement résumé dans cette phrase que je lis dans le *Relatorio* du directeur général, et où se trouve exprimée l'opinion du président de la province Sainte-Catherine : « Le président est d'avis
» que ces sauvages ne peuvent se civiliser par des
» moyens de douceur, et il vaudrait mieux s'em-
» parer d'eux et les transporter dans les grandes
» cités pour y être employés dans les arsenaux et
» autres établissements publics, que de les camper
» dans des villages où ils finissent toujours par as-
» sassiner leurs bienfaiteurs, pour retourner ensuite
» dans leurs forêts, plus terribles encore par la
» connaissance qu'ils ont acquise de l'usage des ar-
» mes à feu. »

Du reste, la race indienne ne paraît pas destinée à vivre dans ce riche continent américain qu'elle n'a jamais su exploiter, tant son indolence lui fait tenir le travail en horreur. Partout elle recule et disparaît peu à peu devant la civilisation, et sauf dans quelques provinces du nord et de l'intérieur, où la population d'origine européenne est fort clairsemée, et où la richesse du sol permet aux tribus indigènes d'avoir sans labeur des rapports très-profitables avec la civilisation, presque partout les villages indiens dépérissent et s'éteignent. On dirait que sous ces climats ardents, au milieu de cette nature pleine de séve féconde, il n'y a que la population indigène qui ne se reproduise pas. Le tableau général des *aldeas* publié dans le *Relatorio* évalue, quant à présent, à 19,354 le chiffre des Indiens à demi apprivoisés qui habitent ces villages. Il y a des lacunes dans ce tableau, qui ne comprend que douze provinces; mais quand même il faudrait doubler ce chiffre, quel misérable résultat d'une œuvre qui dure depuis deux siècles et demi, et quelle meilleure preuve de cette loi fatale qui frappe les anciens maîtres du sol et voue leur race à une dépopulation qui ne s'arrêtera qu'à l'extinction du dernier d'entre eux.

J'ai résumé le plus brièvement et le plus clairement que j'ai pu les principaux faits et résultats concernant le travail de colonisation accompli au

Brésil dans ces dernières années, et j'ai surtout puisé mes renseignements dans l'excellent document émané de la *Répartition des terres publiques*. Ce que je dois ajouter, c'est qu'il y a, en ce moment, dans tout l'Empire, une émulation ardente pour mener cette œuvre à fin. L'Empereur, ses ministres, l'Assemblée générale, les présidents de province, les Assemblées provinciales, les propriétaires de terres, les capitalistes, tout le monde comprend que la colonisation est l'œuvre essentielle et que le Brésil touche à une crise décisive pour son avenir. L'idée se présente à tous sous le même aspect et désormais fort simplifiée. Avec l'abolition de la traite des noirs, avec la diminution progressive mais certaine du travail par les esclaves, c'est pour l'Empire une nécessité absolue d'attirer à lui des colons en grand nombre, non-seulement pour défricher ses terres incultes, mais encore pour conserver en valeur la portion cultivée de son sol. En présence d'une telle nécessité, il n'y a plus à s'endormir désormais dans les molles douceurs d'un climat béni ni à s'encroûter dans des préventions qu'excusaient, il y a trente ans, les dangers possibles d'une indépendance à peine acclamée, je veux parler des sentiments de jalouse défiance que suscitait la présence des étrangers. Il n'est pas un homme éclairé au Brésil qui ne sente qu'il est grand temps d'en finir avec ce passé-là, et que le concours et le bon accueil

CHAPITRE CINQUIÈME.

de tous sont aujourd'hui indispensables pour ouvrir à la colonisation la voie aussi large que possible.

L'heure est propice par deux circonstances dont il faut savoir profiter. Des essais de colonisation mal réussie avaient jeté en Allemagne, dans cette pépinière de l'émigration, une défaveur marquée sur la colonisation brésilienne. Un chargé d'affaires de Prusse, résidant à Rio Janeiro, s'exagérant peut-être quelques insuccès et mu par un sentiment qu'on ne saurait blâmer de sollicitude pour ses compatriotes, avait mis en garde son gouvernement, par des rapports un peu chargés, contre l'issue misérable qu'aurait pour les colons allemands leur émigration au Brésil, et le gouvernement prussien, s'appuyant sur ces renseignements pessimistes, avait pris contre l'émigration des mesures restrictives. Aujourd'hui les choses ont bien changé de face : un nouvel agent prussien, M. Lievenhaggen, a voulu tout voir de ses propres yeux : il a visité les principaux établissements des provinces de São-Paulo, de Sainte-Catherine, de Rio Grande do Sul, et partout il a recueilli les témoignages du bien-être de ses compatriotes émigrés et de leur confiance entière dans un avenir de jour en jour plus prospère. Les informations qu'il a fournies, dans ce sens, à son gouvernement, ont dissipé les appréhensions qu'il avait conçues et lui ont permis de renoncer aux mesures qu'il avait prises dans le but de rendre l'émigration au Brésil plus difficile.

D'un autre côté, voici que déjà, dans l'Amérique du Nord, la colonisation ne paraît plus présenter des chances aussi favorables et qu'elle semble avoir pris son temps d'arrêt. Est-ce la prochaine et probable arrivée au pouvoir des *Know-Nothings*, ces adversaires déclarés de l'émigration? Est-ce le manque de terres abordables, la colonisation s'éloignant de jour en jour davantage du littoral? Je ne saurais dire au juste, mais toujours est-il que, dans l'année qui vient de finir, plus de douze mille émigrés allemands, qui étaient allés chercher un établissement aux États-Unis, sont revenus en Europe, perdant ainsi plusieurs mois de leur temps et les frais de leur double traversée. C'est là un fait très-grave, très-significatif, et qui doit singulièrement influer sur les destinées de la colonisation brésilienne.

Il est très-vrai que la question du coût du passage a la plus grande importance pour le pauvre campagnard qui part avec un bien mince capital, et que la différence du prix des terres à acquérir ne compense pas la différence du prix pour les deux traversées. Je lis dans une brochure publiée à Hambourg par les soins éclairés du consul général du Brésil dans cette ville, M. José Corréa, que le prix du passage pour New-York est à Hambourg de 32 thalers prussiens, terme moyen, tandis que le prix du passage pour Rio Janeiro est, terme moyen, de 56 thalers. De plus, le temps a aussi sa valeur pour des gens dont le travail est la principale richesse et qui ne travaillent pas pendant la traversée. Or, un navire à voiles met en moyenne trente-cinq jours pour aller de Hambourg à New-York, et il lui faut soixante jours pour se rendre à Rio.

Ce sont là des obstacles à la colonisation avec lesquels on doit compter, et le moyen de les franchir qui se présente tout d'abord à l'esprit, c'est de mettre à la charge du gouvernement impérial ou des provinces une partie des frais de traversée, de manière à équilibrer au moins les prix. Cette solution s'est présentée tout de suite comme un expédient praticable à quelques Assemblées provinciales, et la province de Rio Grande do Sul l'a largement acceptée, en allouant à chaque nouveau colon une indemnité de voyage d'environ 150 francs. Je vois dans un décret rendu par l'Assemblée provinciale du Para qu'elle donne au président de la province le pouvoir de prendre une mesure analogue, en le laissant libre de déterminer lui-même le chiffre du subside à accorder aux nouveaux colons.

Peut-être faudra-t-il que le gouvernement impérial fasse aussi, de son côté, dans le principe, quelques notables sacrifices du même genre. Ses actes et les paroles des ministres dans les Chambres permettent de croire qu'il y est tout préparé, et en effet ces témoignages éclatants de bienveillante sympathie sont de nature à faire disparaître les dernières irrésolutions des émigrants. Mais, à mon avis, de telles faveurs ne sauraient être que temporaires, non-seulement parce qu'une si lourde charge, à l'état permanent, grèverait trop le trésor brésilien, mais encore parce que ce sont toujours des colonisations mal faites que celles dont le gouvernement fait les frais. Il faut, ou au moins il faudra tôt ou tard que l'activité et le capital des particuliers interviennent pour avancer aux colons tout ou partie des frais de la traversée, en leur faisant comprendre que, s'ils contractent ainsi une dette assez lourde, ils en seront amplement dédommagés non-seulement par l'extrême bon marché des terres qu'ils vont acquérir, mais encore par les produits de ces terres, dont les cultures sont beaucoup plus riches que celles des terres de l'Amérique du Nord.

Ce qu'a à faire le gouvernement impérial, c'est précisément ce que la spéculation privée ne saurait faire ; son devoir est de garantir par des mesures efficaces la sécurité des colons contre toute agression et tout trouble ; c'est, après avoir sauvegardé leurs personnes, de protéger leur conscience en leur assurant le plein et libre exercice de leur culte ; c'est encore d'effacer de ses lois les derniers vestiges des restrictions gênantes ou blessantes infligées aux étrangers sous l'empire de préventions aujourd'hui dissipées; c'est, en un mot, de pratiquer complétement les principes de tolérance que sa raison éclairée a dès longtemps acceptés, et qui sont dans les instincts du pays, en adoptant les nouveaux venus comme les enfants du Brésil; en les affranchissant, dans des délais raisonnables, de toutes les incapacités civiles et politiques qui pèsent sur eux; en modifiant, en ce qui concerne les protestants, les lois qui attribuent exclusivement aux ministres de la religion catholique la tenue des registres de l'état civil; en leur accordant même certaines faveurs et priviléges momentanés, comme l'exemption du service militaire pour la première génération des immigrants. Je suis convaincu que l'esprit si clairvoyant et si résolu du gouvernement brésilien satisfera à tous ces devoirs de situation, et ne se refusera à aucune de ces réformes nécessaires.

Ce qu'ont à faire les pouvoirs provinciaux avec l'assistance du gouvernement, c'est de créer partout des routes, des moyens de communication par terre et par eau, de manière à donner le plus tôt possible des débouchés aux colonies qu'on veut créer; c'est encore de veiller sur ces colonies, de manière à maintenir la bonne harmonie entre les immigrants et les entrepreneurs et entre les immigrants eux-mêmes, et de manière encore à ne laisser manquer l'établissement de rien de ce qui devient nécessaire, à mesure que les besoins s'accroissent avec la population, comme d'église ou de temple et de maison d'école. Sur tous ces points, les provinces remplissent déjà parfaitement leur tâche, et le passé est la pleine garantie de l'avenir.

Un dernier mot sur les devoirs du gouvernement impérial. Des colonies actuelles, dans un état très-prospère, souffrent d'un fait qui ne saurait durer et sur lequel il suffit d'appeler l'attention des pouvoirs publics. Situées dans le voisinage de la mer, ces colonies ne peuvent échanger directement leurs produits avec l'Europe, parce qu'elles sont privées d'un bureau de douane dans leur voisinage où se ferait l'acquit des droits d'importation et d'exportation. La colonie déjà si florissante de Dona Francisca est dans ce cas. C'est à vingt lieues de là, au port de Paranagua, ou plutôt à Rio même, distant de plus de cent lieues, qu'il faut transporter tout d'abord les marchandises qui doivent entrer dans la colonie ou en sortir. C'est là une dépense, une gêne que la prévoyante sollicitude du gouvernement ne saurait tarder à faire disparaître.

Le Brésil a une grande diversité de climats et de températures qui se prête à toutes les colonisations. M. de Ponthoz affirme qu'il n'est colonisable que dans sa partie la plus tempérée, depuis le 16e degré de latitude sud jusqu'à l'extrémité méridionale de l'Empire, et que toute la portion qui se rapproche de l'équateur est d'une colonisation impossible. Les renseignements que j'ai recueillis m'autorisent à croire que c'est une erreur. Il y a sur les bords de l'Amazone depuis peu de temps, et dans la province de Maranham depuis trente années, des colonies européennes provenant soit du Portugal, soit des Açores, soit des Canaries. Maranham est à deux degrés sud de l'équateur : ses colons se sont parfaitement acclimatés, et leurs établissements sont dans un état très-prospère. On comprend, en effet, que des habitants du midi de l'Europe peuvent vivre sous des zones qui ont été colonisées dans l'origine par des Portugais. Il est vrai que les populations du nord et du centre de l'Europe, des Allemands, des Suédois, des Norvégiens, des Irlandais, des Belges, des Suisses, des Français même s'accommoderaient difficilement de ces climats torrides, et c'est pour ces populations que M. de Ponthoz a tracé sans doute la ligne de démarcation qu'il indique. En effet, les provinces d'Espiritu Santo, de Rio Janeiro, de Sâo-Paulo, du Parana, de Sainte-Catherine, de Rio Grande do Sul, placées à une plus grande distance de l'équateur, conviennent mieux que toutes les autres à des populations que leur pays d'origine n'a pas déjà bronzées contre le soleil.

J'ai nommé les Français comme des colons possibles des provinces méridionales du Brésil, et cependant ils y sont en bien petit nombre. Si cette lacune s'expliquait par ce fait seul que le Français n'a pas l'humeur émigrante, et que, content de son pays et de son sort, il n'aime pas à perdre de vue le coq de son village, je ne trouverai là rien à redire, et je serai volontiers tout fier de cet attachement qu'inspire notre France à ceux qui y sont nés. Mais il s'est produit, depuis plus de trente ans, un fait, à mon avis, inexplicable. Un courant d'émigration assez considérable s'est établi entre la France et l'Amérique méridionale, et chaque année des navires partis de Bayonne amènent dans les provinces argentines et dans l'Uruguay des légions de Basques, population excellente, sobre, laborieuse et rangée, qui, montant peut-être déjà à trente ou quarante mille âmes, aurait dû élever ces pays à un haut degré de prospérité. Si cette prospérité n'est pas venue, ce n'est pas la faute de nos braves compatriotes : ils ne demandaient qu'un peu d'ordre et de sécurité, et les gouvernements de la Plata se sont bien gardés de leur en donner. Les Orientaux et les Argentins avaient d'autres écheveaux à démêler. Pendant que leurs généraux s'entrechoquaient, que leurs Chambres se chamaillaient, que les *pronunciamentos*, ce beau legs de l'Espagne, se perpétuaient dans leurs villes, que les révolutions se succédaient, que les présidents culbutaient les uns sur les autres, ils n'avaient guère le loisir, il faut être juste, de songer à faire fleurir l'agriculture, et ils ne s'occupaient guère de nos bons Basques que pour les endoctriner dans leurs querelles et pour les enrégimenter.

Mais voici ce qui est curieux et étrange. Tout à fait dans le voisinage de ces pays désolés, où le sort avait conduit nos compatriotes, se trouvaient des provinces qui jouissaient au moins à un degré égal de tous les avantages de sol et de culture dont sont dotées les Républiques de la Plata, et qui de plus avaient ce qui manquait absolument à celles-ci, la sécurité intérieure, un gouvernement fort et respecté, et des lois pleinement obéies qui garantissaient à chacun les fruits de son travail. Comment pas un de ces Basques ne s'est-il avisé d'abréger son voyage et de s'arrêter soit à Porto-Allegre, soit à San-Francisco do Sul, soit à Paranagua, pour s'établir dans les provinces de Rio Grande do Sul, ou de Sainte-Catherine, ou du Parana? Déjà la colonie de Saint-Léopold était en pleine prospérité, d'autres colonies se fondaient sous les meilleurs auspices, et ces exemples étaient certes de nature à encourager de nouvelles entreprises de colonisation.

On ne saurait indiquer d'autre cause à l'obstination des colons que cette attraction routinière qu'inspire aux émigrants la certitude de rencontrer des compatriotes d'origine, des amis, des parents, dans leur patrie nouvelle. Le courant les a emportés de toute sa force sur les rives de la Plata, et les déceptions éprouvées par beaucoup d'entre eux n'ont pas suffi encore à faire modifier la route connue. Aujourd'hui il y a un peu de calme à Buenos-Ayres; mais tout est fort brouillé à Montevideo, et en somme rien n'est sûr dans ces régions de la Plata. Je souhaite volontiers à nos excellents compatriotes du pays basque qui sont là-bas toutes sortes de prospérités; mais dans l'intérêt de ceux qui voudraient les imiter, je désire fort que la vérité soit bien connue, et je serais heureux d'avoir contribué à les éclairer, en ouvrant à leurs besoins d'activité et de bien-être acquis par le travail de plus proches, de meilleurs et de plus sûrs horizons.

Je termine par une observation qui s'adresse principalement aux Brésiliens, et qui mérite, ce me semble, d'être pesée.

La suppression de la traite a laissé au Brésil bien des capitaux inactifs, indigènes ou étrangers, mais habitués à chercher un emploi lucratif dans les transactions des grandes places brésiliennes. C'est cette abondance de valeurs disponibles, combinée avec les développements de l'esprit d'association, qui explique la facilité avec laquelle se sont montées à Rio les plus importantes affaires. On a vu tour à tour la Banque du Brésil, l'entreprise des services à vapeur sur l'Amazone, celle du chemin de fer de don Pedro II, et bon nombre d'autres, trouver sur-le-champ, par des souscriptions empressées, dix fois le capital dont elles avaient besoin. Il y avait certainement de l'agiotage dans cette ardeur à souscrire, et la capitale du Brésil n'est pas plus affranchie que Paris et Londres de cette spéculation malséante, levier véreux et nécessaire du crédit public et privé. Mais la fièvre d'agiotage n'était qu'à la surface : le prompt classement et la bonne tenue des valeurs nouvelles ont bientôt prouvé que les capitalistes avaient toujours de l'argent prêt pour les entreprises dont l'avenir paraissait assuré. Or, ces puissances financières qui ont à Rio, comme à Londres, un si immense crédit, ne songent-elles pas à intervenir de toute l'autorité de leurs noms et de leurs capitaux dans la patriotique et belle affaire de la colonisation? N'y a-t-il pas place à la Bourse de Rio pour une entreprise de colonisation générale, dans des proportions grandioses, et qui pourrait faire très-bien, et avec profit pour ses actionnaires, ce que le gouvernement, malgré son intelligente bonne volonté, ne fera jamais qu'imparfaitement et à grand dommage pour ses finances? De quoi s'agit-il? De recruter de futurs colons, de leur venir en aide en facilitant leur passage au moyen de certaines avances qui seront infailliblement récupérées sur les produits du travail de ces colons devenus citoyens du Brésil. Qui, mieux que des entrepreneurs aiguillonnés par l'intérêt privé, relevé ici par le sentiment du bien public, peut juger du degré de confiance que méritent les émigrants et des garanties morales qu'ils présentent? Qui mieux qu'eux serait en mesure de choisir des terres, de les préparer au besoin en les faisant défricher par des bras indigènes, de s'entendre, s'il y a lieu, avec les propriétaires de terres qui réclameraient les services de travailleurs européens, de faire surveiller par des agents spéciaux le travail des colons qui voudraient devenir propriétaires; de manière à rentrer, à un jour donné, dans leurs avances et dans les légitimes bénéfices dus à l'emploi de leurs capitaux.

La question a un autre aspect. Le Brésil, qui a un cabotage assez actif, n'a pas de marine au long cours. N'est-ce pas pour lui une magnifique occasion de la créer? La colonisation est une œuvre dont on ne peut limiter la durée : pour peupler ces incommensurables solitudes, c'est par dizaines de millions qu'il faudra compter les émigrants. Les grandes marines de l'Angleterre et de l'Amérique du Nord font payer fort cher leurs services. La compagnie dont je parle ne pourrait-elle faire construire elle-même un certain nombre de navires appropriés au transport des émigrants et accroître encore ses profits, tout en réduisant les prix du passage? Si une fois les travailleurs d'Europe qui cherchent une autre patrie prennent goût au Brésil, et cela arrivera, c'est ma conviction profonde, le fret humain ne manquera pas, non plus que le fret de retour en

Europe; car la terre du Brésil, défrichée et fécondée par des mains vigoureuses, fournira en abondance aux marchés du vieux monde les produits tropicaux les plus recherchés et les plus riches.

Je ne sais si je m'abuse, mais il me semble qu'il y a là quelque chose à faire. Avec ses institutions, qui font du Brésil une terre privilégiée, en raison de l'inébranlable sécurité qu'elles donnent, et avec l'esprit d'association qu'il comprend et pratique si bien, l'Empire sud-américain peut tout tenter dans les limites que trace la prudence humaine, et tout mener à bonne fin.

POST-SCRIPTUM.

Ce livre était en voie d'impression quand la nouvelle d'une tentative de révolution et d'une lutte sanglante à Montevideo est arrivée en Europe. Le conflit a duré quatre jours, et il a éclaté presque aussitôt après le départ de la division brésilienne.

Pour bien apprécier l'importance du service que l'Empire sud-américain rendait à ses voisins en occupant Montevideo, il faut noter :

1° Que pendant la durée entière de l'occupation brésilienne, aucun fait de ce genre ne s'était produit, en ce sens du moins que même quand la population de Montevideo, cédant à son irrésistible penchant, avait fait des révolutions, pas une goutte de sang n'avait été versée;

2° Que les gens qui, de longue main, préparaient le mouvement contre le président Bustamente, ont attendu, pour faire leur coup, le départ et l'éloignement du corps auxiliaire. En effet c'est le 24 novembre que le mouvement a éclaté, et il ne restait plus un soldat brésilien à Montevideo le 15 au soir. Le 24 novembre, la division était à neuf journées d'étape de la capitale, hors d'état par conséquent de revenir à temps sur ses pas pour rétablir l'ordre;

3° Que les auteurs du mouvement étaient précisément les hommes qui, dans leurs journaux et dans leurs discours, s'attachaient le plus violemment à calomnier les intentions du Brésil, et qui demandaient le plus obstinément, à grand renfort d'injures, le rappel de la division brésilienne.

De ces trois faits incontestables, il faut conclure :

Que l'intervention armée de l'Empire dans l'État oriental, demandée successivement par les deux présidents Girô et Florès, en exécution d'un traité précis, a eu son efficacité tant qu'elle a duré; qu'elle a rétabli et maintenu l'ordre;

Que l'intervention cessant, les bienfaits qu'elle avait apportés avec elle, l'ordre et la sécurité pour les transactions et pour les personnes, ont disparu;

Enfin que les ennemis acharnés du Brésil dans l'État oriental, ceux qui se sont efforcés de soulever contre l'Empire ces vieilles antipathies de race que la civilisation répudie, détestaient dans l'intervention brésilienne non pas une menace contre l'indépendance de la République, mais un insurmontable obstacle à leurs besoins d'anarchie.

Pour tout esprit éclairé, impartial et sincère, ce sont là des vérités démontrées.

Une autre conséquence à tirer de cette série de faits, c'est que le Brésil n'a aucun dessein, prochain ou éloigné, de mettre la main sur le territoire oriental ou sur une partie quelconque de ce territoire. J'ai démontré ce point jusqu'à l'évidence, ce me semble, dans le cours de l'ouvrage qu'on vient de lire, et j'ajoute que le rappel de la division brésilienne, dans les circonstances où il a eu lieu, témoigne surabondamment de la pleine sincérité de l'Empire et de son parfait désintéressement de toute intention d'agrandissement et de conquête.

L'occupation de Montevideo par un corps de cinq mille hommes pouvait être impunément maintenue, si le gouvernement brésilien avait eu les arrière-pensées qu'on lui a prêtées, et les prétextes plausibles, les motifs fondés ne lui manquaient pas, car la République orientale doit au Brésil plus de deux millions de piastres exigibles, et il pouvait, comme créancier, garder le gage qu'il avait sous la main.

Le Brésil n'a pas gardé ce gage. A la première occasion qui lui a été offerte de mettre fin à une occupation coûteuse, sans profit pour lui-même et utile seulement à des alliés peu reconnaissants, il s'est hâté de rappeler ses troupes. Il ne pouvait mieux prouver assurément non-seulement qu'il ne veut pas s'emparer du territoire de ses voisins, mais encore qu'il n'a pas la moindre envie de s'immiscer malgré eux dans leurs affaires intérieures.

Je sais qu'avec un peu de mauvaise foi et beaucoup d'obstination, on peut toujours répondre par des dénégations systématiques à des preuves de leur nature négatives. Aussi me paraît-il utile, après avoir dit ce que le Brésil ne veut pas, de dire très-nettement ce qu'il veut.

J'ai étudié tous les actes de la politique du Brésil à l'endroit de Montevideo; j'ai suivi avec soin les débats de son Parlement; j'ai consulté les hommes les plus compétents, et des renseignements que j'ai recueillis il est résulté pour moi cette notion que je tiens pour très-exacte du double but que l'Empire poursuit dans sa conduite vis-à-vis de l'Uruguay.

Loin d'avoir la visée d'aucune usurpation sur la bande orientale, l'Empire veut très-sincèrement et très-fermement que la République qui borde ses frontières du sud et du sud-ouest soit tranquille, prospère et indépendante par les deux raisons que voici :

En premier lieu, le Brésil est vivement intéressé, pour sa propre sécurité intérieure, à ce que la paix règne dans la bande orientale. J'ai détaillé dans ce livre (chapitres 3e et 4e) les motifs qui ont fondé sa conviction sur ce point. Depuis longues années, toutes les fois qu'il y a eu trouble dans l'État oriental, soit par l'effet de dissensions intestines, soit à la suite d'agressions étrangères, la province limitrophe de Rio Grande do Sul a ressenti le contre-coup de cette agitation. Cet état de choses fâcheux, dangereux même, a été de tout temps pris en sérieuse considération à Rio Janeiro. Quand le calme sera rétabli dans l'Uruguay, quand l'agriculture y prospérera, toute atteinte au droit des gens, toute occasion de querelle et de collision entre les habitants des deux frontières seront supprimées.

En second lieu, l'État oriental, par sa situation géographique, est pour le Brésil comme un bouclier naturel contre les Républiques toujours un peu troublées de la Plata, qui pardonnent difficilement à l'Empire le calme et la sécurité dont il jouit. Avec la République de l'Uruguay indépendante et prospère, entre les provinces argentines et lui, l'Empire est couvert, je ne dis pas contre tout danger (le danger ne serait pas sérieux), mais contre tout trouble que pourraient lui susciter dans l'avenir les prétentions des Républiques intérieures de la Plata et de ses affluents.

Voilà pourquoi le Brésil veut que l'État oriental demeure indépendant et organisé assez fortement pour garder sa propre nationalité; voilà pourquoi il a coopéré autant qu'il a pu à y rétablir l'ordre et la paix, et pourquoi il a assisté ses voisins de son argent et de ses troupes. En travaillant à relever de ses ruines la pauvre République, il travaillait loyalement à l'œuvre de sa propre sécurité.

Jusqu'à présent, ces efforts et ces sacrifices n'ont pas abouti. Les subsides impériaux ont été engloutis sans grand profit dans le gouffre toujours béant du déficit oriental : l'intervention militaire du Brésil, en donnant quelques mois de paix à Montevideo, ne lui a pas encore appris à aimer et à pratiquer l'ordre.

Que pouvait et que devait faire l'Empire dans ces conjonctures? Rien autre chose assurément que ce qu'il a fait : renoncer momentanément à de bons offices fort onéreux pour lui et outrageusement calomniés, retirer ses subsides, retirer ses troupes, laisser les gens de Montevideo se débattre et se battre entre eux pour de misérables questions personnelles, et sans s'émouvoir des injures dont on payait ses services, s'en tenir fermement, à leur endroit, à une politique d'abstention et d'observation.

Je sais fort bien que, sur les bords de la Plata, on prête au gouvernement impérial d'autres mobiles et d'autres desseins que ceux que je viens d'indiquer, et cela ne m'étonne guère, car la vérité se fait rarement jour dans les pays qui manquent de calme. Mais ce qui me surprend fort, c'est de voir un recueil très-justement estimé, l'*Annuaire des Deux-Mondes*, se faire l'écho d'une de ces énormes bourdes transatlantiques en publiant les lignes suivantes :

« On n'a point été éloigné de croire en Amérique
» que M. Paulino (*le vicomte d'Uruguay*) venait en
» Europe pour sonder les gouvernements et cher-

» cher à savoir quel degré d'opposition rencontre-
» rait l'annexion de l'Etat oriental à l'Empire. »

Qu'on dise cela en Amérique, c'est possible, et on y débite bien d'autres mensonges. Mais le rédacteur de l'*Annuaire* pouvait aisément en avoir le cœur net, et, pour peu qu'il eût pris la peine de se renseigner ici, soit d'un côté, soit de l'autre, ou mieux encore des deux côtés, il eût bien vite reconnu qu'il n'y avait pas un mot de vrai dans ce bruit venu d'Amérique.

Je ne me permets pas de rechercher à quelle source l'écrivain de l'*Annuaire* a puisé son renseignement apocryphe, mais il m'est impossible de ne pas rappeler ici avec quelle facilité nos compatriotes établis dans la Plata, même et surtout ceux dont le devoir est de bien s'enquérir, se sont, de tout temps, laissé circonvenir par les passions locales, de manière à ne plus savoir discerner la vérité du mensonge. Le passé de nos démêlés avec Rosas nous a cependant donné une leçon qui ne saurait être perdue.

FIN.

TABLE DES MATIÈRES.

INTRODUCTION. . . . . Page 1

CHAPITRE PREMIER.

NOTIONS HISTORIQUES ET GÉOGRAPHIQUES.

Le Brésil seule monarchie au milieu des républiques hispano-américaines. — Expérience des deux formes. — Où est le progrès, où est la décadence? — Débuts difficiles du nouvel Empire. — Départ du roi Jean VI pour le Portugal. — Insurrection générale. — Proclamation de l'Indépendance. — Don Pedro Ier empereur. — Les frères Andrada. — Leur rupture avec l'Empereur. — Leur opposition dans l'Assemblée. — L'Assemblée est dissoute. — Don Pedro fait lui-même la Constitution, agréée par le peuple et jurée le 25 mars 1824. — Paix avec le Portugal par l'intermédiaire de l'Angleterre. — Reconnaissance du Brésil comme empire indépendant. — Comment l'Angleterre se fait payer ses bons offices. — Guerre avec Buenos-Ayres et Montevideo. — Convention préliminaire de paix du 27 août 1828. — Les Brésiliens abandonnent Montevideo. — Fâcheux effet de cette guerre. — Désordre dans les finances. — Désordre dans les idées. — Contre-révolution et anarchie. — Agitation parlementaire. — Majorité hostile à l'Empereur. — Événement du 7 avril 1831. — Abdication de don Pedro Ier en faveur de son fils. — Omnipotence du Parlement. — Ses tendances ultra-libérales. — Ses goûts d'économie. — Suppression de la régence à trois, du Conseil d'État. — Émancipation des provinces. — Le prêtre Feijó régent unique. — Son caractère. — Son administration. — Sa lutte parlementaire. — Sa démission. — Régence provisoire, puis définitive de Pedro d'Araujo-Lima. — Gouvernement régulier. — Déclaration de majorité de l'Empereur. — Troubles et rébellions pendant les régences. — Provinces de Para, des Alagoas, de Rio Grande do Sul. — Troubles après les régences. — São-Paulo. — Minas Geraës. — Les *Santa Luzias* et les *Saquaremos*. — Derniers désordres à Pernambuco. — Paix générale intérieure. — Calme des partis.

Les provinces de l'Empire. — Maritimes. — Centrales. — Leurs climats. — Leurs produits. — Diamants. — Mines d'or, de fer, de charbon. — Café, sucre, coton, cacao, caoutchouc, bois de teinture et d'ébénisterie. — Population. — Situation admirable de l'Empire sur toutes les routes maritimes du commerce européen. . . . . Page 19

CHAPITRE DEUXIÈME.

LA CONSTITUTION.

Avantage des Constitutions princières. — La Constitution du Brésil faite par l'Empereur. — Sanction nationale. — Serment à la Constitution. — Trente-deux ans d'existence. — Analyse de la Constitution. — Pouvoir modérateur. — Ses attributions. — Conseil d'État. — Pouvoir exécutif. — Pouvoir législatif. — Assemblée générale; Sénat, Chambre des députés. — Attributions spéciales de l'une et de l'autre Chambre. — Conflit des Chambres entre elles. — Conflit entre les Chambres et le pouvoir impérial. — Moyens constitutionnels de solution. — Assemblées provinciales. — Décentralisation administrative. — Ouvrage de M. de Ponthos. — Ses objections contre la centralisation. — Réponse. — Base de la Constitution. — Souveraineté nationale. — Suffrage universel. — Électeurs de paroisse. — Électeurs de province. — Les étrangers naturalisés et les non-catholiques exclus de la députation. — Inconvénients de cette exclusion. — Utilité d'une réforme en ce point et de la révision des lois sur les étrangers. — Comment la Constitution a fonctionné. — Concours efficace prêté par les hommes d'État du Brésil. — Patriotisme éclairé des Chambres. — Les deux Empereurs . . . . Page 51

CHAPITRE TROISIÈME.

SITUATION INTÉRIEURE.

Iniquité du monopole colonial. — Il a stérilisé les ressources du Brésil. — Dette portugaise imposée au Brésil par le traité avec le Portugal. — Mauvais état des finances. — Fidélité du Brésil à ses engagements. — Son crédit s'établit. — La dette extérieure. — La dette intérieure. — Émissions de papier-monnaie. — M. de Ponthos et *le Budget du Brésil.* — Budgets postérieurs à 1847. — Notable et progressive augmentation des recettes. — Temps d'arrêt momentané et sa cause. — Produits des droits d'importation. — Tableau comparatif des dix-huit dernières années. — Budgets des provinces. — De l'impôt foncier. — Ses dangers politiques en général. — Ses impossibilités économiques au Brésil. — La dépense. — Une portion considérable des dépenses à la charge des provinces. — Dépenses générales. — Liste civile. — Les départements ministériels. — État comparatif des dépenses portées aux budgets de 1846-47 et de 1856-57. — Amélioration de tous les services. — Armée et flotte du Brésil. — Politique pacifique de l'Empire. — L'indépendance de Montevideo n'est pas menacée. — Le Brésil a à conquérir son propre sol, à le coloniser. — Routes à créer. — Chemins de fer de Rio Janeiro, de Bahia, de Pernambuco. — Garantie d'intérêt. — Contrat pour l'exécution du chemin de fer de don Pedro II. — Routes carrossables. — Amélioration des rivières. — Navigation de l'Amazone. — Quatre lignes de bateaux à vapeur sur ce fleuve. — Double service de navigation à vapeur sur l'Atlantique, au nord et au sud de Rio. — Mouvement intellectuel. — Les journaux. — L'institut historique et géographique. — Établissements charitables. — Les sœurs de saint Vincent de Paul. — La sécurité individuelle. — Crimes contre les personnes. — Nécessité d'une répression sévère. — Le juge mis en dehors des partis par la nouvelle loi électorale. — Les cours d'appel. — Un tribunal de seconde instance par province.

Résumé. — Impulsion énergique donnée aux améliorations par le gouvernement. — Concours empressé du pays tout entier. — La capitale. — Assistance financière qu'elle prête à toutes les œuvres nouvelles. — Elle est en voie de se transformer . . . . Page 81

CHAPITRE QUATRIÈME.
SITUATION EXTÉRIEURE.

La diplomatie du Brésil. — Affaire de la traite. — Démêlés avec l'Angleterre. — Bill Aberdeen. — Son caractère excessif. — Protestations du gouvernement impérial. — Effets déplorables de ce bill sur la nation brésilienne. — L'Empereur et les Chambres réagissent contre ces effets. — La traite disparaît. — Nécessité d'honneur pour l'Angleterre du rappel de ce bill.

Affaire de la Plata. — Rosas. — Sa haine contre le Brésil. — Mission du vicomte d'Abrantès en Europe. — Elle accroît les mauvaises dispositions de Rosas. — L'Angleterre s'arrange avec le dictateur. — Le traité Le Prédour. — Rosas cherche ouvertement à rompre avec le Brésil. — Son envoyé, le général Guido, demande ses passe-ports. — Conduite de la guerre. — Les alliés du Brésil. — Combat de Monte-Cacerès. — Chute de Rosas. — Résultats immédiats de cette chute. — L'esclavage et la république au Brésil. — Buenos-Ayres se sépare de la Confédération Argentine. — Incessantes agitations à Montevideo. — Intervention du Brésil. — Elle maintient l'ordre sans pouvoir maîtriser les ambitions rivales. — Rappel des troupes impériales. — Le Paraguay. — Renvoi brutal du ministre brésilien. — Le commandant Ferreira d'Oliveira. — Réparation obtenue. — Convention de navigation et de commerce non ratifiée par le gouvernement impérial. — Nouvelles négociations.

Questions de limites avec les Républiques voisines de l'Empire. — Lenteurs et difficultés qu'elles éprouvent. — Règle du Brésil. — *Uti possidetis*. — Opinion de M. de Humboldt.

Navigation de l'Amazone. — Manœuvres des États-Unis. — Le lieutenant Maury. — Expédition des lieutenants Herndon et Gibbon. — Leurs publications. — Convention de Memphis. — Résolutions qu'elle adopte. — Conduite du gouvernement fédéral. — Il négocie avec le Pérou. — Il échoue. — Ses tentatives auprès du gouvernement impérial. — *Memorandum* du cabinet de Rio sur la navigation de l'Amazone. — Tentative avortée de piraterie. — Résumé de la question. — La fermeture de l'Amazone ne saurait être que temporaire. — Une fois la colonisation en voie de s'accomplir, la navigation du grand fleuve doit être libre. . . . Page 131

CHAPITRE CINQUIÈME.

LA COLONISATION.

Civilisation par le travail de l'homme. — Supériorité de la race européenne. — Besoin de colonisation pour l'Amérique méridionale, dépourvue d'habitants. — Efforts du Brésil pour remplacer le travail esclave par le travail libre. — Première période de la colonisation. — Initiative du gouvernement. — Nouvelle Fribourg. — Colonie de Saint-Léopold. — Petropolis. — Seconde période. — La colonisation par les particuliers. — Colonie Vergueiro. — Système de *parceria*. — Les colons acquéreurs du sol. — Colonie de dona Francisca. — De don Pedro d'Alcantara. — Colonie Blumenau. — La propriété de la terre au Brésil. — Usurpation sur le domaine public. — Les *sesmarias*. — Loi du 18 septembre 1850. — Mesurage, division, démarcation des terres. — Direction générale des terres publiques. — Règlement du 30 janvier 1854. — Explications officielles sur ce règlement. — Premiers travaux de la direction générale des terres. — Documents fournis par les présidents des provinces. — Essais de colonisation par les Chinois. — Inconvénients signalés. — Les colonies militaires. — Les villages ou *aldéas* d'Indiens. — Dépérissement et extinction graduelle de la race rouge. — Opinion du président de la province Sainte-Catherine sur les Indiens.

Nécessité bien comprise au Brésil de la colonisation sur une grande échelle. — Le moment est favorable. — Les préventions répandues en Allemagne contre la colonisation se dissipent. — Bon témoignage rendu par l'agent prussien au Brésil, M. Lievenhagen. — Temps d'arrêt de la colonisation nord-américaine. — Douze mille émigrés allemands retournent en Europe. — Désavantages du Brésil quant au prix du passage, quant à la durée de la traversée. — Moyens temporaires d'y remédier. — Subsides par le gouvernement ou par les provinces. — Moyens permanents. — Intervention des capitaux privés dans l'œuvre de colonisation.

Devoirs du gouvernement impérial. — Sécurité à donner aux colons. — Protection aux consciences. — Réformes dans les lois. — Exemption momentanée du service militaire. — Devoirs des administrations provinciales. — Routes et débouchés à ouvrir. — Bonne harmonie à maintenir dans les colonies. — Églises, temples, maisons d'école à élever.

Climats divers du Brésil et colonisations diverses. — Les populations méridionales de l'Europe propres à la colonisation des régions voisines de l'Équateur. — Les Européens du Nord et du Centre appelés à coloniser les zones plus tempérées. — Les Français colons possibles de ces contrées. — Courant établi entre le pays basque et les Républiques de la Plata. — Défaut absolu de sécurité. — Avantage pour nos compatriotes à s'établir dans la province de Rio Grande do Sul.

Utilité d'une grande association à Rio pour l'œuvre de la colonisation générale. . . . . Page 183

POST-SCRIPTUM . . . . Page 234

www.ingramcontent.com/pod-product-compliance
Lightning Source LLC
Chambersburg PA
CBHW070657170426
43200CB00010B/2276